AF112122

www.ingramcontent.com/pod-product-compliance
Lightning Source LLC
LaVergne TN
LVHW090038080526
838202LV00046B/3862

* 9 7 8 8 1 9 6 8 1 4 5 5 7 *

ہندوستان میں معاصر اردو صحافت

اشعر نجمی

Bright Books

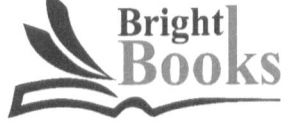

© Ashar Najmi

Hindustan Mein Muassir Urdu Sahafat
by Ashar Najmi
Bright Books, Thane, India
1st Edition : October 2024
ISBN: 978-81-968145-5-7

اس کتاب کا کوئی بھی حصہ مصنف یا ناشر کی پیشگی اجازت کے بغیر کسی بھی وضع یا جلد میں
کلّی یا جزوی، منتخب یا مکرر اشاعت یا بہ صورت فوٹو کاپی، ریکارڈنگ، الیکٹرانک، میکینیکل
یا ویب سائٹ پر اَپ لوڈنگ کے لیے استعمال نہ کیا جائے۔ نیز اس کتاب پر کسی بھی
قسم کے تنازعہ کو نمٹانے کا اختیار صرف ممبئی کی عدلیہ کو ہوگا۔

Bright Books

Mira Road East, Dist. Thane, India
nidabattiwala@gmail.com

فہرست

مسیحا کی منتظر اردو صحافت	روبن جیفرے	05
مسلم اور مذہبی صحافت کا تاریخی تجزیہ	خوشتر نورانی	22
ہندوستان میں معاصر اردو صحافت	اطہر فاروقی	37
زرد صحافت اور اردو	شاہد الاسلام	54
اردو صحافت کی علاحدہ دنیا	شاہد الاسلام	59
کشمیری صحافت کی حالت زار	روہنی سنگھ	65
ہاں! میں گودی میڈیا ہوں	نازش ہما قاسمی	68

مسیحا کی منتظر اردو صحافت

روبن جیفرے

دیگر ہندستانی زبانوں کی صحافت کے مقابلے میں اردو کی اخباری صنعت کوئی مشکل سوالات کا سامنا کرنا پڑ رہا ہے اور اگر اردو بولنے والوں اور اردو کے حامی صنعت کاروں اور سرمایہ داروں نے اس زبان کو بولنے، لکھنے، پڑھنے اور اس کے روزمرہ استعمال کے لیے موثر جواز اور طریقے تلاش نہ کیے تو اس زبان کے وجود کو لاحق خطرات اور شدید ہو سکتے ہیں۔ ہندستان میں اگر انگریزی کے تناظر میں دیکھا جائے تو یہ بات بلا تکلف کہی جاسکتی ہے کہ لسانی حالات کے زیرِ اثر اردو کی شکل مسخ ہو رہی ہے اور اس کے بولنے والوں کی تعداد کے زوال آمادہ ہونے کا عمل بتدریج تیز ہو رہا ہے۔ سرکاری سطح پر اعداد و شمار کے ذریعے یہ تاثر دینے کی کوشش بھی مسلسل کی جارہی ہے کہ اردو سکڑتی ہوئی زبان نہیں ہے۔ انگریزی سے یہاں میں نے اردو کا موازنہ اس لیے کیا کیوں کہ ہندستان میں انگریزی اور اردو ہی ایسی دو زبانیں ہیں جو پورے ملک میں بولی جاتی ہیں اور ان دونوں ہی کو فاتحین اور غداروں کی زبانیں بھی کہا جاتا ہے۔ تبدیل شدہ سیاسی منظرنامے میں انگریزی کو تو ہندستان میں بہ حالتِ مجبوری ہی سہی مگر ایک معتبر زبان کی حیثیت حاصل ہوگئی ہے لیکن عملاً استعمال کی زبان کے طور پر اردو کی راہیں مسدود ہونے کے بعد اب یہ غریب مسلمانوں کی زبان بن کر رہ گئی ہے اور اس کا عملی دائرہ مسلمانوں کے پسماندہ طبقات تک محدود ہو کر رہ گیا ہے۔ اردو کے تئیں حکومت کے رویّے سے بھی واضح ہے کہ وہ اسے غریب مسلمانوں کی زبان تصوّر کرتی ہے۔

ایک غیر ملکی کی حیثیت سے میرے ذہن میں اردو سے متعلق جو متعدد سوالات بڑی شدّ و مد کے ساتھ ابھرتے ہیں ان میں سب سے اہم یہ ہے کہ اردو ہے کیا اور ہندی اس سے کیوں کر مختلف ہے؟ میں نے جب شمالی

ہندستان کی بسوں اور ریلوں میں سفر کیا تو مجھے اندازہ ہوا کہ لوگ بڑی محبت اور شفقت سے جانے انجانے میں ایک بات یہ کہتے ہیں کہ آپ بہت اچھی ۔۔۔۔ زبان بولتے ہیں لیکن وہ اس امر کی کبھی نشاندہی نہیں کرتے کہ میں کون سی زبان اچھی بولتا ہوں، اردو یا ہندی؟ وہ اس خالی جگہ کو کبھی پُر نہیں کر پاتے۔ ایسے میں سفر کی صعوبتیں بھلا کر میں اپنے ذہن کے ان خانوں پر غور کرنے لگتا ہوں جنھیں میں گذشتہ 30 برسوں سے اردو، ہندی گرامر کی کتابیں پڑھ پڑھ کر پُر کررہا ہوں۔ بلاشبہ میں نے اردو، ہندی سکھانے والی درجنوں کتابوں کا مطالعہ کیا ہے۔ ظاہر ہے کہ میں دونوں زبانیں بول لیتا ہوں لیکن کچھ لوگوں کا کہنا ہے کہ میں ان دونوں زبانوں کو مجروح کررہا ہوں۔ اردو ہندی کے درمیان معمولی فرق کے سبب ہی مہاتما گاندھی نے ان دونوں زبانوں کو ہندستانی[1] کہہ کر اس مسئلے کا لسانی اور سیاسی حل تلاش کرنے کی کوشش کی تھی کیوں کہ 'ہندی، ہندستانی اور اردو ایک ہی بولی کے تین نام ہیں بلکہ اسی طرح جیسے کورن ویل، لنکا شائر اور مڈل سیکس کی بولیاں ایک ہی زبان کی تین الگ الگ شکلیں ہیں۔' ہندی، اردو اور ہندستانی؛ ان تینوں زبانوں کا لب ولہجہ ایک جیسا ہوتے ہوئے بھی زبانوں کا ڈھانچہ یکساں نہیں ہے۔ بیش تر علاقوں کے لب و لہجے میں بھی کہیں نہ کہیں کوئی نہ کوئی فرق ضرور موجود ہے۔ عمدہ اردو اور ہندی بولنے، لکھنے والے اس فرق کو محسوس کرتے بھی ہیں۔ لسانی سطح پر امریکہ اور برطانیہ میں بھی لب و لہجے کے فرق کو واضح طور پر محسوس کیا جاسکتا ہے جب کہ دونوں ممالک کی زبان انگریزی ہے۔ سرِ دست میں اردو ہندی کے تعلق سے کسی لسانی بحث میں نہ پڑتے ہوئے اس عام خیال کے سہارے آگے بڑھنا چاہتا ہوں کہ اردو اور ہندی کی گرامر ایک ہے، صرف ونحو کے قواعد بھی ایک جیسے ہی ہیں لیکن چند حروف کی آوازوں میں فرق البتہ نمایاں ہے۔ مثال کے طور پر ہندی میں 'ز'، 'ذ' کی آواز نہیں ہے اور ہندی بولنے والا جب اردو بولنے کی کوشش کرتا ہے تو اسے کافی مشکلات کا سامنا کرنا پڑتا ہے اور کئی دفعہ صورتِ حال مضحکہ خیز ہوجاتی ہے۔ جب کوئی اردو والا زیادہ شستہ زبان بولنا چاہتا ہے تو وہ فارسی اور عربی الفاظ کی طرف رجوع کرتا ہے اور جب کوئی ہندی والا زیادہ شستہ ہندی بولنا چاہتا ہے تو وہ سنسکرت الفاظ کی طرف راغب ہوتا ہے۔ اردو اور ہندی کا سب سے متنازعہ اختلاف رسمِ خط کا ہے جس کو نوکر شاہی، حکومت اور پرنٹنگ پریس نے شدید ترین کردیا ہے۔ ہندستانی تاریخ کے دو اہم حکم رانوں اکبر اور رنجیت سنگھ کے بارے میں کہا جاتا ہے کہ دونوں ہی ناخواندہ تھے لیکن انیسویں صدی کے آغاز میں جو تحریریں دستیاب ہوئیں یا جو ریکارڈ میں موجود ہیں، ان سے پتا چلتا ہے کہ شمالی ہندستان میں متعدد رسوم الخط موجود تھے لیکن تحریری زبانوں کے قالب کی حیثیت سے بیسویں صدی میں صرف دیوناگری اور فارسی عربی رسوم الخط ہی اپنی افادیت کے اعتبار سے قابلِ ذکر رہ گئے۔[2]

ہندستان میں آزادی کے بعد زبان کی حیثیت سے اردو کے زوال کی داستان حکومت اور سرمایہ دارانہ نظام کے ان ذہنی رویوں سے وابستہ ہے جن کی وجہ سے اس زبان کے ارتقا کا سفر مسدود ہوا۔ قومی اور ریاستی حکومتوں نے اردو رسمِ خط کے ساتھ بے حد غیر منصفانہ سلوک کیا۔ حکومت نے ہمیشہ مسلم رائے دہندگان کو خوش کرنے کے

لیے اردو اخبارات کی ترویج وترقی کے لیے بڑے بڑے وعدے تو کیے اور مراعات دینے کا اعلان بھی کیا مگر کبھی اس زبان یا اس کی صحافت کے فروغ کے لیے کوئی عملی قدم نہیں اٹھایا گیا۔ آزاد ہندستان میں کسی بھی حکومت نے ایسا کوئی اقدام نہیں کیا جس سے سرمایہ دارانہ نظام میں اردو رسمِ خط فروغ پاتا یعنی اسکولوں اور انتظامیہ کے بنیادی رسمِ خط کے طور پر اس کا استعمال کیا جاتا۔ جب اردو رسمِ خط اردو زبان کا لازمی حصہ قرار پایا تو اردو سرمایہ دارانہ نظام اور اشتہاری صنعت کے ساتھ اس وجہ سے توازن قائم نہ رکھ سکی کہ اس کا رسمِ خط فارسی اور عربی سے مماثل تھا جس کے لیے تقسیمِ ہند کے بعد نئے سیاسی ڈھانچے میں کوئی جگہ نہ تھی اور یوں اردو رسم خط میں لکھی جانے والی اردو غریب مسلم طبقے کی زبان بن کر رہ گئی۔ کہنے کی ضرورت نہیں کہ جو زبان کسی غریب طبقے تک محدود ہو اور جس کا رسمِ خط بنیادی دھارا سے جداگانہ ہو اس میں صنعت کار اور اشتہاری صنعت دل چسپی نہیں لے گی، چناں چہ اردو اخبارات کو صنعتی اداروں کے اشتہارات بہ آسانی نہیں ملتے۔ اس صورتِ حال کا نتیجہ متضاد بیانات کی صورت میں ظاہر ہوتا ہے۔ مثلاً سرکاری اعداد وشمار کے مطابق تو گذشتہ 20 برسوں میں اردو روزناموں کی اشاعت اور سرکولیشن میں قابلِ لحاظ اضافہ ہوا ہے[۳] مگر صنعتی اداروں کے اعداد وشمار کچھ اور ہی کہانی بیان کرتے ہیں۔ ان کے مطابق اردو اخبارات کی تعدادِ اشاعت اور اس کا دائرۂ اثر بتدریج زوال آمادہ ہے۔

جو لوگ اردو صحافت سے کسی بھی حیثیت سے وابستہ ہیں، ان میں بھی خصوصاً وہ لوگ جو اخبارات کے لیے لکھ بھی رہے ہیں، وہ بھی اس امر کو تسلیم کرتے ہیں کہ اردو کی اخباری صنعت دن بہ دن بیٹھ رہی ہے۔ لیکن حکومتِ ہند نے اب تک جو اعداد وشمار پیش کیے ہیں ان کے مطابق اردو روزناموں کی تعدادِ اشاعت جو 1974ء میں چار لاکھ تھی، 1996ء تک کاغذوں پر بڑھتے بڑھتے پندرہ لاکھ ہوگئی۔ اس سے یہ ظاہر ہوتا ہے کہ دوسری زبانوں کے مقابلے میں اردو صحافت کے ارتقا کے تناسب میں 275 فی صد کا اضافہ ہوا ہے۔[۴] 1991ء میں ایک ہزار اردو بولنے والوں میں سے 30 اردو اخبار پڑھتے تھے جب کہ بنگلہ اور تمل بولنے والوں کی ایک ہزار آبادی میں اخبار پڑھنے والوں کا تناسب 20 تھا۔

آڈٹ بیورو آف سرکولیشن (ABC) کے اعداد وشمار ایک اور ہی ناقابلِ یقین کہانی بیان کر کے معاملے کو اس لیے مزید پیچیدہ کر دیتے ہیں کیوں کہ بیش تر اردو اخبارات اس ادارے سے جڑے ہوئے ہیں۔ ABC کے اعداد وشمار بتاتے ہیں کہ 1977 سے 1994 کے دوران اردو روزناموں کی تعدادِ اشاعت جو ایک لاکھ 28 ہزار سے ایک لاکھ تیرہ ہزار[۵] تک آ چکی تھی اس کے بعد مزید زوال آمادہ ہوئی ہے۔ 1976 میں ABC سے پانچ اردو اخبارات وابستہ تھے لیکن 1994ء میں ان کی تعداد صرف چار رہ گئی۔[۶] اردو کے حوالے سے رجسٹرار آف نیوز پیپرز فار انڈیا (RNI) اور ABC کے اعداد وشمار اتنی مختلف الجہات کہانیاں بیان کرتے ہیں کہ سمجھ میں نہیں آتا کہ حقیقت کیا ہے اور افسانہ کیا؟ اور مذکورۂ بالا تمام اعداد وشمار 'اِک معما ہے سمجھنے کا نہ سمجھانے کا' کے مصداق بن کر رہ گئے ہیں۔ اس تمام خلطِ مبحث اور گمراکن صورتِ حال کے باوجود یہ طے ہے کہ اردو روزناموں کی تعدادِ اشاعت میں

تشویشناک حدتک کمی واقع ہورہی ہے۔ ایسے میں یہ سوال اہم ہے کہ آخرایسا کیوں ہوا؟ اردو پریس کے مشاہدین اس صورتِ حال کا تجزیہ کرتے ہوئے اس امر پر متفق ہیں کہ اردو صحافت بتدریج اپنی موت کے تکلیف دہ عمل سے گزر رہی ہے۔[7] یوگند سکند کا اس سیاق وسباق میں یہ مشاہدہ اہم ہے کہ اردو چھاپے خانوں کا سازوسامان بوسیدہ ہوچکا ہے، صحافیوں کی اکثریت کو بے حد معمولی تنخواہوں پر گزر بسر کرنا پڑتا ہے اور اردو اخباروں کے مالکان بے ضمیر ہیں۔[8] اردو اخبارات کا قریب سے مشاہدہ کرنے والے ایک مسلم نقاد کا خیال ہے کہ ''اردو صحافت اپنے قارئین کو جذباتی طور پر فرقہ پرستی کی جانب دھکیل رہی ہے۔[9]'' اردو صحافت کے اس واقفِ حال کے مطابق بیش تر اردو اخبارات کے عملے کا کام ''مختلف اخبارات سے ایسی خبریں اور کہانیاں منتخب کرکے انھیں اپنے اخبار کی پالیسی کے مطابق تیار کرنا ہوتا ہے کہ وہ جذباتی، سنسنی خیز اور مسلمانوں کے خلاف معلوم ہوں۔[10]'' میرے خیال میں اردو پڑھنے والے قارئین کی تعداد میں مسلسل کمی کا اہم ترین سبب اردو کا صنعتی اور تجارتی زبان نہ ہونا اور پہلی زبان کے طور پر کسی بھی صوبے میں اردو تعلیم کے نظم کا فقدان ہے۔

اردو کے ان عمومی حالات کے پیشِ نظر رجسٹرار آف نیوز پیپرز کی اس رپورٹ کو کیا معتبر مان لیا جائے کہ اردو اخبارات کی تعدادِ اشاعت میں اضافہ ہورہا ہے؟ یا اردو کی اخباری صنعت ترقی کی راہوں پر گامزن ہے اور ہندستان میں اردو قارئین کی تعداد بڑھ رہی ہے؟ مگر آر ایس نیومین ایک دوسری حقیقت کی طرف بھی توجہ دلاتے ہیں کہ دینی مدارس میں تعلیم حاصل کرنے والے ہزاروں بچے اردو میڈیم ہی سے تعلیم حاصل کررہے ہیں یوں اردو رسمِ خط جاننے یعنی اردو پڑھنے والوں کی تعداد میں مسلسل اضافہ ہورہا ہے۔[11] یہ بات البتہ دیگر ہے کہ اردو میڈیم سے تعلیم حاصل کرنے والے یہ تمام بچے تعلیم کے غیر مذہبی نصاب اور اس جدید ڈسکورس سے واقف ہی نہیں ہوتے جو اردو اخبارات کا باخبر اور باذوق قاری پیدا کرسکتا ہے۔ دینی مدارس کے طلبہ ہی اب اردو روزناموں اور ہفتہ وار اخباروں کے اصل قارئین ہیں۔ اسی لیے اطہر فاروقی کا یہ خیال درست معلوم ہوتا ہے کہ ''کم پڑھے لکھے اور معمولی سیاسی فہم کے لوگ جن کا تعلق معاشی طور پر معاشرے کے نچلے طبقے سے ہے، اردو اخبارات کی قسمت کے حاکم ہیں۔[12]'' یہ لوگ اشتہارات کے شعبوں کے منیجروں کے دل کی دھڑکن بھلے ہی نہ بڑھا سکیں، اخبارات کی تعدادِ اشاعت میں کچھ اضافہ یقیناً کرسکتے ہیں اور یہ لوگ اخبار کے مدیر کو اس بات پر بھی مجبور کرسکتے ہیں کہ اخبار کے مندرجات کی فہرست ان کی فہم وذوق کے مطابق ہو۔

یہ امر یقینی ہے کہ RNI کے اعداد وشمار میں اردو روزناموں کی حد تک مبالغے کی بے پناہ آمیزش ہے۔ افسوس کی بات یہ ہے کہ اردو دنیا ان غلط اعداد وشمار کو بہ جنسہٖ تسلیم بھی کرلیتی ہے اور حکومت کے سر اردو صحافت کی صنعت کے فروغ کا سہرا بندھ جاتا ہے۔ 1990 تک صورتِ حال یہ تھی کہ ہندستان کو اخباری کاغذ بیرونِ ملک سے درآمد کرنا پڑتا تھا اور 1962 سے RNI کے ذریعے حکومت نے اخباری کاغذ (نیوز پرنٹ) کے الاٹ مینٹ

پر کنٹرول کرنا شروع کیا[۲۱] جس کی وجہ سے نیوز پرنٹ کی بلیک مارکیٹنگ میں اضافہ ہوا۔ اس کا لازمی نتیجہ یہ ہوا کہ ہر اخبار نے اپنی ضرورت سے زیادہ کاغذ لینا شروع کر دیا اور پھر اسے بازار میں مہنگے داموں فروخت کرنے کا کاروبار گرم ہو گیا۔ اس سے صرف بدعنوانی ہی نہیں بڑھی بلکہ اردو صحافت کا مجموعی معیار اور اس کے رجحانات بھی تبدیل ہونا شروع ہو گئے کیوں کہ صرف نیوز پرنٹ کا کوٹا ہی خاصے منفعت بخش کاروبار کا ضامن تھا۔

اس طرح اگرچہ بیش تر اردو اخبارات کی چند سو کاپیاں ہی شائع ہوتی تھیں لیکن اخبارات اپنی تعدادِ اشاعت اصل سے کہیں زیادہ درج کرا کر لاکھوں کروڑوں میں کھیلتے رہے۔ اس طرح مرکزی یا صوبائی ریاست سے تسلیم شدہ اخبارات حکومت سے مسلسل اشتہارات بھی حاصل کرتے رہے۔ جو اردو اخبارات غلط تعدادِ اشاعت درج کراتے ہیں ان سے کبھی کوئی باز پرس حکومت کی طرف سے نہیں کی جاتی۔ خاص طور پر چھوٹے اخبارات کے مالکان بڑی تعداد میں اشتہارات حاصل کرتے ہیں جس کا نتیجہ یہ ہوتا ہے کہ چھوٹے اخباروں کے مالکان حکومت سے متعدد فوائد حاصل کرتے ہیں بالخصوص وزارت اور اعلا سرکاری و غیر سرکاری پروگراموں اور جلسوں میں خصوصی مہمان کے طور پر داخلے کا حق وغیرہ تو ان کے لیے معمولی بات ہے۔ ایسے اردو صحافی سستے داموں پر زمین حاصل کرنے میں بھی اکثر کامیاب ہو جاتے ہیں۔[۱۴] سرکاری افسران، سیاسی پارٹیوں اور سیاست دانوں کو بلیک میل کرنے کے لیے بھی اردو اخباروں کا استعمال بہ کثرت کیا جاتا ہے۔[۱۵] ایسا نہیں کہ مندرجہ بالا غیر اخلاقی حربوں کا استعمال صرف اردو کے صحافتی حلقوں میں ہوتا ہو بلکہ ان رجحانات کا چلن سبھی زبانوں کے اخبارات میں دیکھنے کو ملتا ہے[۱۶] البتہ اردو اخبارات میں یہ روش کچھ زیادہ ہی نظر آتی ہے کیوں کہ اردو کو ہندستانی مسلمانوں کی زبان تصور کیا جاتا ہے اور ان کی شناخت کا حساس ترین مسئلہ ہونے کے سبب اربابِ اقتدار اردو کے صحافیوں کی قدر افزائی میں کوئی کسر نہیں اٹھا رکھتے۔ تمام سیاسی پارٹیوں سے وابستہ سیاست داں 11 فی صد مسلم ووٹروں کو رجھانے اور ان کے ساتھ ہمدردی جتانے کے بہترین مواقع کو ضائع نہیں کرنا چاہتے اور مسلم فرقے کی مجموعی خوشحالی کے لیے کچھ اقدام کرنے کی بجائے صرف چند صحافیوں کو خوش کرنے کا نسخہ ہندستان کے سیاست دانوں کے لیے بہت سستا سودا ہے۔

پھر اردو اخبارات میں جو مواد شائع ہوتا ہے اکثریتی فرقے کے لوگ اسے نہیں پڑھتے لہٰذا کسی کے لیے بھی اردو اخبارات کے ذریعے اپنے مقاصد اور مفادات کا حصول بے حد آسان ہے۔ اسی لیے RNI اور صوبائی حکومتیں برسوں سے اس دباؤ میں ہیں کہ جب تعدادِ اشاعت کے اعداد و شمار کا معاملہ آئے تو اردو اخباروں کے تئیں چشم پوشی کا رویّہ ہی اختیار کیا جائے۔ لیکن اس میں یہ اضافہ بہر حال کیا جا سکتا ہے کہ اردو کی آج چوں کہ تجارتی اور انتظامی امور میں کوئی قدر و قیمت نہیں ہے اس لیے اس صورتِ حال میں اردو اخباروں کے مالکان اور صحافی اردو کے نام پر اس طریقے سے فائدہ اٹھانے کی جو کوشش کرتے ہیں اور حکومت کا ان کے تئیں جو رویّہ ہوتا ہے، اس کا منطقی جواز موجود ہے۔

اردو اخبارات اور پریس کی صورتِ حال کا جائزہ لینے کے لیے ہم نمونہ از خروارے کے طور پر یہاں

چار ایسے اردو اخبارات کا تجزیہ پیش کر رہے ہیں جن کی اپنی الگ صفات اور خصوصیات ہیں۔ مثال کے طور پر ان میں دو ایسے اخبارات ہیں جو اپنی بقا کی آخری جنگ میں مصروف ہیں اور اگر یہ زندہ رہے بھی تو مستقبل میں ان کی شکل کافی بدل چکی ہوگی اور دو اخبارات ایسے ہیں جو اس بات کے ثبوت پیش کرتے ہیں کہ نامساعد حالات اور اردو کی تجارتی قدر و قیمت ختم ہونے اور سرکاری سرپرستی نہ ہونے کے باوجود بھی شاید وہ زندہ رہیں گے۔ اس طرح مجموعی شواہد اس بات کی طرف اشارہ کرتے ہیں کہ اردو اخبارات کا مستقبل اردو کے تبدیل شدہ تناظر میں تغیر پذیر ہے۔ اردو روزناموں کا مارکیٹ چاہے گھٹا ہو لیکن اردو اخبارات کا اپنا ایک مارکیٹ ہے جو آبیاری کا منتظر ہے۔

سرزمینِ پنجاب سے اردو کا کثیرالاشاعت اخبار 'ہند سماچار' شائع ہوتا ہے جس کی داغ بیل 1948 میں لالہ جگت نارائن نے ڈالی تھی۔ یہ اپنی نوعیت کا پہلا اردو اخبار ہے۔ تقسیمِ وطن کے بعد شمالی ہندستان میں ان پڑھے لکھے اردو داں لوگوں کی خاصی تعداد تھی جن کی وجہ سے لالہ جگت نارائن نے اردو اخبار نکالنے کا ارادہ کیا کیوں کہ وہ اپنے قارئین کے حلقے کے مزاج سے بخوبی واقف تھے۔ 1965 تک یہ ان کا واحد اخبار تھا۔ بعد میں 'ہند سماچار' گروپ کی جانب سے ہندی روزنامہ 'پنجاب کیسری' کی اشاعت شروع ہوئی جو آج ہندی کا کثیرالاشاعت روزنامہ ہے اور اسی گروپ کی جانب سے گرمکھی میں روزنامہ ''جگ بانی'' بھی جاری ہوا۔ 1996 میں روزنامہ 'ہند سماچار' کی تعدادِ اشاعت میں پندرہ فی صد کمی واقع ہوئی جب کہ 20 برس پہلے 1976 میں اس کی اشاعت 51 ہزار تھی جو کم ہوتے ہوتے 1996 میں 44348 رہ گئی اور 'پنجاب کیسری' کے مقابلے میں 'ہند سماچار' کے اشتہارات کا نرخ صرف ایک چوتھائی تھا۔[4] یوں اشتہاروں سے ہونے والی آمدنی صرف ایک چوتھائی رہ گئی۔ لالہ جگت نارائن ((1981-1899 نے جب 'ہند سماچار' نکالنا شروع کیا تھا تو ان کے ذہن میں اپنے قارئین کا جو حلقہ تھا وہ غیر منقسم پنجاب کے وہ سکھ اور ہندو تھے جو صرف اردو ہی جانتے تھے کیوں کہ آزادی سے پہلے سرکاری زبان اردو تھی[۸] لیکن 1990 تک آتے آتے اردو قارئین کا حلقہ تیزی کے ساتھ سمٹ اور سکڑ گیا۔ شمالی ہندستان کے اسکولوں میں 60 برس پہلے ہی ہندو اور سکھ اپنے بچوں کو اردو پڑھانا ترک کر چکے تھے۔ 'ہند سماچار' کی خریداری جموں و کشمیر میں خاصی تھی جہاں اسکولوں اور دفتروں میں اردو کا استعمال ہوتا ہے۔ 1992 میں اس اخبار کی 17 فی صد خریداری صرف جموں و کشمیر میں تھی اور باقی کا پیاں پنجاب، ہریانہ، ہماچل پردیش، دہلی، چنڈی گڑھ اور مغربی اتر پردیش میں بکتی تھیں۔[۹]

اگر چہ 'ہند سماچار' گروپ اس اردو اخبار کو اب صرف جذباتی تعلق کی بنیاد پر زندہ رکھے ہوئے ہے کیوں کہ اس گروپ کے بانی لالہ جگت نارائن کے وارث ہی اس کے مالک اور مدیرِ اعلا ہیں مگر مجموعی طور پر اس کو جاری رکھنا انتظامیہ کے لیے بے پناہ منافع کا نہیں تو خسارے کا سودا بھی نہیں کہ 'ہند سماچار' آج بھی نفع بخش ہے۔ جالندھر کے ایک ہی نیوز روم میں اردو ہندی اور گرمکھی اخباروں کی تیاری ہوتی ہے۔ 1993 میں نیوز اڈیٹر کی ٹیبل ذرا بلندی پر ہوتی تھی اور اس کے ایک جانب 'پنجاب کیسری' کا اسٹاف بیٹھتا تھا تو بائیں جانب 'ہند سماچار' کے سب اڈیٹر ہوتے

تھے اور دائیں طرف 'جگ بانی' کا اسٹاف۔ تینوں ڈیسکوں پر لوگ خبریں اور اسٹوریاں ترجمہ کر کے ایک دوسرے کو دیتے رہتے تھے۔ ایک ڈیسک ایسا تھا جو خبریں جمع کر کے سب کو تقسیم کرتا تھا۔ 'ہند سماچار' گروپ کی ٹکنالوجی، پروڈکشن اور ایڈورٹائزنگ کے تال میل سے ایک دوسرے کو بے حد تعاون حاصل تھا اور صرف اسی بنیاد پر وہ اردو کا اخبار نکال رہے تھے جس میں مقابلہ زیادہ اور منافع کم تھا۔[20]

دلچسپ بات یہ ہے کہ 1990 تک ہندستان کا یہ سب سے بڑا اردو اخبار مسلمانوں کو اپنے قارئین کا ایک چھوٹا دستہ تصور کرتا تھا۔[21] ABC کے اعداد و شمار کے مطابق اردو کے دوسرے کثیر الاشاعت اخبار 'سیاست' کے مقابلے میں اس کے اشتہاری نرخ 50 فی صد زیادہ تھے۔ ''سیاست'' حیدر آباد یعنی اردو کے ایک روایتی مرکز سے شائع ہوتا ہے اور اس کے قارئین میں اکثریت مسلمانوں کی ہے۔ 1995 میں 'ہند سماچار' میں اشتہارات کا نرخ فی سینٹی میٹر فی کالم 55 روپیے تھا جب کہ 'سیاست' میں یہ 36 روپیے فی سینٹی میٹر تھا۔[22] یہ تفریق ان دونوں اخبارات کے کاروباری طرز کی طرف واضح اشارہ کرتی ہے اور اس بات کا ثبوت بھی پیش کرتی ہے کہ کس طرح ہندستانی حکومت اور سرمایہ دارانہ نظام نے عوام کی سطح پر استعمال کی جانے والی زبان اردو اور اس کے رسمِ خط کو متاثر کیا ہے۔ 'ہند سماچار' ایسے حالات میں جاری کیا گیا جب تجارتی منفعت اور مارکیٹ بیداری کا شعور نسبتاً کم تھا لیکن بدلتے حالات میں اس گروپ نے نئے اخبارات بھی جاری کیے تاکہ مخصوص زبانوں کو حاصل سرکاری سرپرستی اور تعاون کا فائدہ اٹھا سکے اور اس نے اپنے اردو اخبار کی اشاعت کو بھی جاری رکھا۔ لیکن اس گروپ کی جانب سے اب تجارتی مفادات پر دی جانے والی حد درجہ توجہ کے پیش نظر ایسا معلوم ہوتا ہے کہ 'ہند سماچار' بند ہو جائے گا کیوں کہ اشتہاری منافع کا ایک خاص سطح کے نیچے گر جانے کے بعد ایسا ہونا ناگزیر ہے۔

جغرافیائی اعتبار سے جہاں 'ہند سماچار' گروپ کے صدر دفتر کا جالندھر میں ہونا تشویش کا احساس پیدا کرتا ہے وہیں روزنامہ 'سیاست' کی حیدر آباد سے اشاعت ایک خوش آئند منظر پیش کرتی ہے۔ سیاست کی اشاعت میں بتدریج اضافہ ہو رہا ہے۔ جہاں 1996-1976 کے دوران 'ہند سماچار' کی اشاعت میں 17 فی صد گراوٹ آئی ہے وہیں 'سیاست' کی اشاعت میں 330 فی صد اضافہ ہوا ہے یعنی یومیہ تعدادِ اشاعت تقریباً دس ہزار سے 44 ہزار تک جا پہنچی ہے۔ اس نمایاں فرق کی ایک وجہ یہ بھی ہے کہ آندھرا پردیش میں مسلمانوں کی کثیر تعداد ہے اور سرکاری پرائمری اسکولوں میں اردو تعلیم کا نسبتاً بڑا نیٹ ورک موجود ہے اس کے علاوہ دینی مدارس میں بھی خاصی تعداد میں بچے اردو اور عربی زبانیں پڑھتے ہیں۔[23] ہند سماچار' اور 'سیاست' اردو صحافت کے دو مختلف رجحانوں کے علم بردار ہیں۔

ان دونوں اخبارات کے درمیان تضادات بھی سبق آموز ہیں۔ دونوں کی اشاعت کا آغاز آزادی کے بعد ہوا۔ دونوں ہی انقلابی دور کے زائیدہ تھے۔ جگت نارائن تقسیمِ وطن کے بعد ہندستان آئے تھے۔ ریاستِ حیدر آباد میں جب عابد علی خاں نے 'سیاست' کی بنیاد ڈالی اس وقت پولیس ایکشن کے بعد حیدر آباد ہندستان میں ضم ہو چکا

تھا۔

دونوں اخبار خاندانی قائم کردہ کمپنیوں پر مبنی تھے اور دنیا کے بارے میں اپنے تجربے اور خصوصی امتیاز کے ساتھ مختلف النوع نظریات پیش کررہے تھے۔ 'ہند سماچار' کا حلقہ پنجاب کے سکھوں اور ہندوؤں کی اعلا ذات اور تجارتی افسران کے طبقے پر مشتمل تھا تو دوسری طرف عابد علی خاں ترقی پسند نظریات کے ترجمان تھے۔ وہ ترقی پسند تحریک کے جنرل سکریٹری بھی رہ چکے تھے اور ان کا تعلق ترقی پسند ادیبوں کے اس گروپ سے تھا جو بائیں بازو کے نظریات سے وابستہ تھا۔ 'سیاست' کے اجرا کے بعد کمپنی نے اپنے بروشر میں اس بات کا اعلان کیا کہ وہ خود کو فعال سیاست سے دور رکھتے ہوئے ترقی پسندانہ اور سیکولر نظریات کو فروغ دینے کے لیے کام کرے گی۔ عابد علی خاں نے اس اخبار کو تجارت کی بجائے ترقی پسندانہ نظریات کا تبلیغی ادارہ بنانے پر زور دیا۔[4] اس نظریے کے تحت روزنامہ 'سیاست' نے اپنا صحافتی سفر شروع کیا اور مقبولیت حاصل کی۔ 'سیاست' نے اشتہار بازی اور منافع خوری کے مقابلے میں عوامی فلاح و بہبود کو ترجیح دی۔ اس کی اس عوامی تحریک نے اخبار کو آسمان پر پہنچا دیا۔ 'سیاست' کو ایک ادبی ٹرسٹ کا تعاون حاصل تھا۔ 'ہند سماچار' کی طرح سیاست بھی ایک خاندان کی قائم کردہ کمپنی نے شروع کیا تھا لیکن اس خاندان نے منافعے کے لیے دوسری زبانوں میں اخبار شائع نہیں کیے۔ 1993 میں اخبار کے موجودہ مالک اور مدیر زاہد علی خاں نے کہا تھا 'ہمیں عوامی حمایت حاصل ہے تو پھر کسی دوسری سرپرستی کی ضرورت کیا ہے؟ یہ ہندستان سے نکلنے والا ایک خود کفیل اور آزاد اردو اخبار ہے۔ ہم یہ نہیں چاہتے کہ ہمارا عملہ کشکول لے کر اشتہار کی بھیک مانگتا پھرے۔'[5] 1993ء میں ہی 'سیاست' کی ایک نئی اور نوجوان ہندو خاتون رپورٹر بھی تھیں جو تجارتی اور مالی معاملات سے متعلق رپورٹ تیار کرنے کے لیے مامور کی گئی تھیں۔ وہ اردو لکھنا نہیں جانتی تھیں جو اس بات کا ثبوت ہے کہ جالندھر میں 'ہند سماچار' کے نیوز روم کے ماحول کے برعکس 'سیاست' حیدرآباد کے نیوز روم کا ماحول کتنا خوشگوار اور دوستانہ تھا۔[6]

تجارتی دباؤ کے تحت معدوم ہوئے اردو اخبارات کے مقابلے میں ایک طرح سے ''سیاست'' الگ ہی رجحان کی ترجمانی کرتا ہے۔ 'سیاست' اپنی بقا کی جنگ میں انتظامیہ کی بے لوث محنت اور نیک نیتی کے سبب ہی کامیاب ہے۔[7] بقول زاہد علی خاں 'میں 1964 ہی سے انتظامیہ کے معاملات سے واقفیت رکھتا ہوں۔ آج 'سیاست' کو حیدرآباد میں امتیازی حیثیت حاصل ہے۔ آج اس شہر کی ملی جلی آبادی میں اردو پڑھنے والوں کا خاصا بڑا حلقہ ہے۔ ساتھ ہی مسلمانوں کی ایک بڑی آبادی مدارس اور سرکاری اسکولوں سے تعلیم یافتہ ہوتی ہے اور وہی ہمارے اخبار کے قارئین ہیں۔'' اس اخبار میں خبروں اور تصاویر کو اتنے موثر اور دلکش انداز میں شائع کیا جاتا ہے کہ قاری اس کا گرویدہ ہو کر رہ جاتا ہے۔[8] یوں آج اسی اخبار کے خریدار 30 سے زائد ممالک میں ہیں جن میں جاپان، روس اور امریکہ بھی شامل ہیں۔

'سیاست' اور 'ہند سماچار' کی مثالی انتظامیہ اور ان کے مخصوص خطے میں اردو زبان سے متعلق مخصوص حالات

نے بھی ان دونوں ہی اخبارات کو کامیابی سے ہمکنار کیا لیکن دیگر چھوٹے اخباروں کے عروج وزوال کی داستان مختلف ہے۔ بڑی تعداد میں موجود ان چھوٹے اردو اخباروں کے متعلق کیا کہا جائے جو پہلے نشیب وفراز سے دوچار ہوتے ہیں اور پھر بند ہو جاتے ہیں اور اس بات کا جواز فراہم کرتے ہیں کہ اردو کا مستقبل تاریک ہے۔

'سیاست' حیدرآباد کے برعکس کانپور یوپی سے شائع ہونے والا روزنامہ 'سیاست جدید' 1993 میں ایک زوال پذیر اخبار کی تصویر پیش کرتا تھا۔ تمام اردو اخباروں کی مانند یہ اخبار بھی حکومت کی عدم سرپرستی اور سرمایہ دارانہ نظام کی عائد کردہ تجارتی شرائط کے ساتھ خود کو ہم آہنگ کرنے کی عدم صلاحیت کے سبب عبرت ناک انجام سے دوچار ہوا۔ اس اخبار کی بنیاد کے جی زیدی ((1916-1992 نے 1953 میں ڈالی تھی جو پیشے سے وکیل تھے۔ 1971 ے 1983 کے دوران یہ اخبار تجارتی اعتبار سے ABC کے زمرے میں شامل تھا۔ اس وقت اس کی تعدادِ اشاعت 9 ہزار تھی۔ پھر ایک وقت ایسا بھی آیا جب اس کے مدیر نے دیوناگری لپی میں بھی ایک اور اخبار نکالا تاکہ ان مسلم نوجوانوں کو بھی اس کے حلقے میں شامل کیا جاسکے جو اردو رسمِ خط سے نابلد تھے لیکن یہ خسارے کا سودا ثابت ہوا اور آخرکار 1992 میں اُس اخبار کو بند کرنا پڑا۔ اکتوبر 1992 میں زیدی صاحب کے انتقال کے وقت 'سیاست جدید' اردو کی اشاعت گھٹ کر صرف ساڑھے سات ہزار رہ گئی تھی اور اخبار کا دفتر سکڑ کر چند افراد پر مشتمل رہ گیا تھا لیکن ان نامساعد حالات میں بھی اخبار کسی طرح جاری رہا۔

ارشاد علمی جو اپنے والد کی وفات کے بعد مدیر بنے، انھوں نے یہ محسوس کیا کہ اخبار کی تقسیم کا نظام خستہ حالت میں ہے اور اس کے لیے ہم اس طرح ذمّے دار ہیں کہ اخبار وقت پر لوگوں تک نہیں پہنچتا۔ حیدرآباد کا روزنامہ ''سیاست'' اور جالندھر کا 'ہند سماچار' 1980 کے اواخر میں کمپیوٹر کا استعمال شروع کر چکے تھے لیکن کانپور کے 'سیاست جدید' میں اس وقت بھی صرف اور صرف تین کاتب ہیں اور ہر کاتب دو صفحے کا مواد کتابت کرتا ہے، اور تو اور خود کاتب اڈیٹر بھی ہے اور بذاتِ خود خبروں کے انتخاب کے بارے میں فیصلے کرتا ہے۔ اس طرح اگر دیکھا جائے تو سست روی سے چلنے والا 'سیاست جدید' آج بھی اس قدیم دور سے رابطہ قائم کیے ہوئے ہے جب رپورٹر خود اپنے ہاتھ سے لیتھوگرافی کے پتھروں پر کہانی لکھتا تھا اور بعد میں اسی سے اخبار چھپتا تھا۔ اس اخبار سے وابستہ مختصر عملہ بھی اس امر سے بخوبی واقف تھا کہ بانی مدیر کی فکر اور ان کی پسند کیا ہے۔ وہ بالخصوص مسلمانوں سے متعلق مسائل کو جذباتی انداز میں پیش کرنے کے عادی تھے۔ ارشاد علمی نے گئے دنوں کو یاد کرتے ہوئے بتایا کہ 1991 میں خلیجی جنگ کے دوران اخبار کی تعدادِ اشاعت آسمان کو چھونے لگی تھی۔ اخبار نے بابری مسجد تحریک میں بھی غیر معمولی دلچسپی لی اور وہ بھی اخبار کے فروغ میں موثر ثابت ہوئی لیکن 6/دسمبر 1992 کو بابری مسجد کے انہدام کے بعد اخبار کے لیے ترقی کا یہ دروازہ بھی بند ہو گیا۔[۹]

پرانی تکنیک، آشفتہ حالی اور تمام طرح کی بدنظمیوں اور نامساعد حالات کے باوجود یہ اخبار 1993 تک معمولی نفع کے ساتھ جاری رہا۔ اخبار کے چار صفحات کی قیمت 1.50 روپے تھی۔ نصف درجن ملازمین کی معمولی

تنخواہیں تھیں، سیاہی اور اخبار بیچنے والوں کا کمیشن اور دیگر لوازمات جن کے ساتھ اخبار کی آمدنی ایک ہفتے میں تقریباً دس ہزار روپے تھی ان حالات میں اخبار نکالنا نہ صرف دشوار بلکہ ناممکن تھا۔

لیکن نئی دہلی سے شائع ہونے والا ہفت روزہ 'نئی دنیا' اردو اخبارات کے سلسلے میں تصویر کے ایک مختلف رخ کو پیش کرتا ہے۔ اس اخبار نے یہ ثابت کردیا ہے کہ اردو اخبارات کے امکانات آج بھی کم روشن نہیں۔ ہفت روزہ 'نئی دنیا' جدید ساز و سامان سے لیس ہے۔ یہ پہلا خاندان ہے جو نسل در نسل کامیابی کے ساتھ اس صحافتی ادارے کو چلا رہا ہے۔ اس نے وقت کے ساتھ اپنی اشاعت میں مختلف النوع تبدیلیاں بھی کیں اور اس طرح اپنی تجارتی معنویت کو برقرار رکھا۔ 'سیاست جدید' کے برعکس اس نے خود کو حالات کے ساتھ ڈھالنے اور ان کا مقابلہ کرنے کی قوت بہم پہنچائی۔ 'نئی دنیا' کا یہ قدم اردو صحافت کے لیے سبق آموز بھی ہے۔

مولانا عبدالوحید صدیقی نے 1950 میں روزنامہ 'نئی دنیا' کی بنیاد ڈالی تھی وہ صحافی ہونے کے علاوہ ایک سیاسی کارکن بھی تھے۔ ان کے چھوٹے صاحبزادے شاہد صدیقی نے بتایا کہ ان کے والد نے نیشنلسٹ مسلمان کی حیثیت سے مسلم لیگ کے نظریات کے خلاف جنگ کی۔ 1950 میں ہی یہ اخبار مسلم مسائل اور حقوق کا نمائندہ ترجمان تصور کیا جاتا تھا۔ اگرچہ ایک وقت ایسا بھی آیا جب 1964 میں اس اخبار کو بند کرنا پڑا۔ دریں اثنا اس خاندان نے متعدد کامیاب اردو رسائل اور ڈائجسٹ بھی شائع کیے اور یہ تمام آفسیٹ پر شائع ہوئے۔ شاہد صدیقی نے خود بھی 1970 میں ایک میگزین شائع کیا۔ اس وقت وہ کالج میں پڑھتے تھے اور کمیونسٹ پارٹی آف انڈیا (مارکسوادی) کے رکن تھے لیکن ان کا میگزین ناکام ہوگیا۔ ان کا خیال ہے کہ 1971 میں بنگلہ دیش کی جدوجہد اور ایک نئی مسلم مملکت کے قیام کے دوران انھوں نے جو موقف اختیار کیا اس کی وجہ سے ان کا میگزین بند ہوا۔ شاہد صدیقی نے بتایا کہ "بنگلہ دیش میں آزادی کی جدوجہد کے دوران میں وہاں گیا اور میں نے حقائق کو منظرِ عام پر لانے کی کوشش کی لیکن ہندی مسلمانوں نے اسے قبول نہیں کیا۔ ہندی مسلمانوں کے نزدیک بنگلہ دیش کا قیام ناقابلِ قبول تصور تھا کیوں کہ اس سے پین اسلامزم کا وہ نظریہ مجروح ہوتا تھا جو پاکستان کے قیام کا سبب بنا[30]" اس رویے کے نتیجے میں نئی دنیا کی تعدادِ اشاعت کم ہوگئی اور 1972 میں اخبار کو بند کرنا پڑا۔ بنگلہ دیش جنگ کی وجہ سے تعدادِ اشاعت کا متاثر ہونا اس امر کی تصدیق کرتا ہے کہ بین الاقوامی مسلم امور عام طور سے نہ صرف مقامی قارئین کو متاثر کرتے ہیں بلکہ اس سے اخبار کی تعدادِ اشاعت بھی حد درجہ اور فیصلہ کن انداز میں متاثر ہوسکتی ہے۔

اگلے ہی برس صدیقی خاندان نے 'نئی دنیا' کو ہفت روزہ کی حیثیت سے دوبارہ شروع کیا۔ اس کی کامیابی کے پیچھے کارفرما اسباب بھی کچھ اسی نوعیت کے تھے جن کی وجہ سے پہلی بار اخبار بند ہوا تھا یعنی 1973 میں عرب۔ اسرائیل جنگ شروع ہوگئی اور 'نئی دنیا' کی تعدادِ اشاعت چند ماہ میں ہی 25 سے 30 ہزار تک پہنچ گئی۔

اس کے بعد 20 برسوں تک 'نئی دنیا' کی تعدادِ اشاعت میں نشیب و فراز آتے رہے۔ ایمرجنسی میں اشاعت بے حد گرگئی تو پاکستان میں ذوالفقار علی بھٹو کا تختہ پلٹنے کے بعد یہ تعداد اخبار کے مالکان کے مطابق 2 لاکھ

تک پہنچ گئی۔ پھر تعدادِ اشاعت 50 سے 60 ہزار تک ڈولتی رہی لیکن 1991 میں خلیجی جنگ کے دوران ایک مرتبہ پھر یہ تعداد ساڑھے تین لاکھ تک پہنچ گئی۔ اخبار کے ذرائع کے مطابق 1993ء تک آتے آتے 'نئی دنیا' کی اشاعت ایک لاکھ 20 ہزار تک پہنچ گئی۔ اگرچہ 'نئی دنیا' ABC کا ممبر نہیں ہے لیکن اس نے 1992 میں 45 ہزار اشاعت کا دعوا کیا تھا۔[۱۲] ہندستان سے شائع ہونے والے بیش تر بڑے اخبارات کے برعکس اردو اخبارات کی منفعت کا ذریعہ فروخت ہی ہے۔ 1993 میں 20 صفحات پر مشتمل اس اخبار کی قیمت 5 روپے تھی۔ اس صورت میں 'نئی دنیا' تمام تر اخراجات اور واجبات کی ادائیگی کے بعد بھی منافع بخش اخبار کے زمرے میں شامل تھا۔ خلیجی جنگ کے دوران 'نئی دنیا' نے صفحۂ اوّل اور آخر کو رنگین صفحات میں تبدیل کر دیا۔ اس کے علاوہ فوٹو کمپوزنگ اور کمپیوٹر کا استعمال 1991 میں شروع کر کے اور کاتبوں کو کمپیوٹر کی تربیت دلا کر اس اخبار نے کاتبوں سے بھی نجات حاصل کر لی۔ مزید برآں 1992 میں خصوصاً شمالی ہند کے ان مسلم نوجوانوں کے لیے جو اردو رسمِ خط سے واقف نہیں ہیں اور جو اسکولوں میں ہندی پڑھ کر جوان ہوئے ہیں، شاہد صدیقی نے دیوناگری لپی میں ہفت روزہ 'نئی زمین' کی اشاعت کا آغاز کیا۔ حالاں کہ یہ 'نئی دنیا' کی حرف بہ حرف نقل نہیں ہے لیکن ان کے موضوعات کافی مشترک ہوتے ہیں۔

شاہد صدیقی کا خیال ہے کہ 'نئی دنیا' جیسے اردو ہفت روزہ اخبارات صرف اس لیے کامیاب اور خود کفیل ہیں کہ وہ جانتے ہیں کہ اردو بولنے والے پورے ہندستان میں پھیلے ہوئے ہیں اور اس صورت میں اردو ہندی کے مقابلے میں ملک گیر سطح پر زیادہ مقبولیت رکھتی ہے۔ جنوبی ہندستان میں بھی اسے اس لیے مخالفت کا سامنا نہیں کیوں کہ ان ریاستوں میں اردو اختیاری مضمون کے طور پر پڑھی اور پڑھائی جاتی ہے نہ کہ جبری مضمون کے طور پر۔[۱۳] اس طرح کی پھیلی ہوئی آبادی اردو روزنامے کے لیے بہت سازگار نہیں ہو سکتی لیکن ہفتہ وار اخباروں کے لیے قارئین کی اچھی تعداد ان کے روشن امکانات کی ضامن ہو سکتی ہے بہ شرطیکہ اردو ہفت روزہ اخبار کے مدیر ذہانت سے اس صورتِ حال کا فائدہ اٹھائیں۔ اس صورت میں اردو ہفت روزہ اخبارات صرف قارئین کی قوتِ خرید کے بوتے پر خاصا منافع بخش کاروبار ہیں کیوں کہ اردو اخبارات کو اب اشتہار تو مل نہیں سکتے۔

شاہد صدیقی نے بتایا بھی کہ ''ہمیں اشتہارات ملتے ہی نہیں۔ اس کی وجہ اشتہاری ایجنسیاں ہیں جن میں اگر مسلمان ہیں بھی تو ان کا تعلق اعلا طبقے سے ہے اور ان ایجنسیوں سے تعلق رکھنے والے افراد کے احباب بھی اعلا مسلم طبقے سے ہی تعلق رکھتے ہیں اس لیے جب اشتہار لینے کوئی اردو والا جاتا ہے تو وہ یہ سوال کرتے ہیں کہ اردو اخبار کا کیا کوئی اثر و رسوخ بھی ہے؟ میں بہت سے مسلمانوں سے واقف ہوں لیکن ان میں سے کسی کو اردو نہیں آتی۔''

اگر اشتہاری ایجنسیاں اس بات پر یقین بھی کر لیں کہ اردو قارئین کی اچھی خاصی تعداد ہے تب بھی وہ ان کی قوتِ خرید پر یقین نہیں کریں گی کیوں کہ اب اس تاثر کا زائل ہونا ممکن نہیں کہ اردو صرف غریب مسلمانوں کی

زبان ہے اور ان کے متوسط و اعلا طبقات اس زبان کو خیر باد کہہ چکے ہیں۔ خود شاہد صدیقی نے ہی یہ بھی بتایا کہ ان کا اخبار بنیادی طور پر دستکار اور محنت کش طبقہ پڑھتا ہے اور یہ وہ طبقہ ہے جو بڑی کمپنیوں اور ایڈورٹائزرس کے نشانے سے باہر ہے۔

یوں اردو زبان کی موجودہ صورتِ حال چند اہم نکات کی طرف اشارہ کرتی ہے۔ مثلاً اردو قارئین پورے ہندستان میں بکھرے ہوئے ہیں اور اردو زبان سرکاری سرپرستی سے محروم ہو چکی ہے۔ کسی زبان یا رسمِ خط کے لیے سرکاری سرپرستی اور حمایت اس لیے لازمی ہوتی ہے کیوں کہ انتظامیہ اور تعلیم کی سطح پر اوّلین زبان کی حیثیت حاصل ہونے سے کسی زبان کو سرمایہ دارانہ نظام میں اپنی جڑیں مضبوط کرنے میں آسانی ہوتی ہے۔ رجسٹرار آف نیوز پیپرز آف انڈیا کے ریکارڈ کے مطابق [3] 1994 تک 250 چھوٹے بڑے روزنامے اور ہفت روزہ اخبارات بند ہو چکے تھے جو اس بات کا ثبوت ہے کہ زیادہ تر چھوٹے اردو اخبارات معمولی قسم کی رعایتوں یا بعض سیاست دانوں کی سرپرستی کے تحت جاری اور بند ہوتے رہتے ہیں کیوں کہ ان کی نظر مسلم ووٹ اور حمایت کے حصول پر رہتی ہے۔ اس طرح کی سرپرستی اردو اخبارات کو بے ضابطگی کے ساتھ جاری رہنے میں مدد تو کرتی ہے لیکن سرمایہ دارانہ نظام کے تحت جس قسم کی سرکاری سرپرستی اور حمایت کی ضرورت کسی زبان کو زندہ رکھنے کے لیے لازم ہے، اردو اس سے ہنوز محروم ہے۔

یہ بھی صحیح ہے کہ صرف حکومت کا تعاون ہی کسی زبان کو زندہ رکھنے، اس کی نشوونما یا اس کے خاتمے کے لیے ذمّے دار نہیں ہوتا اور ہر زبان کے عروج و زوال کا تجزیہ اس کے مخصوص سیاسی و سماجی تناظر میں ہی کیا جا سکتا ہے۔ کسی ایک زبان کے حالات کو بنیاد بنا کر دوسری زبان پر کوئی حکم لگانا گمراہ کن ہوتا ہے۔ اردو زبان کے عروج و زوال کا تجزیہ کرنے والی اکثر تحریروں نے اسی لیے گمراہی پھیلائی کہ ان میں مخصوص تناظر کا فقدان تھا۔ RNI نے جو اعداد و شمار پیش کیے ہیں جن میں مبالغے کا عمل دخل تو یقینا ہوگا لیکن وہ اس امر کی تصدیق ضرور کرتے ہیں کہ ہندستان میں اردو قارئین کی تجدید ہو رہی ہے۔ اس طرح کی تجدید اردو زبان اور اس کے رسمِ خط کے مستقبل کی ضمانت بھی ہے۔ افریقہ سے متعلق اپنی ایک کتاب میں ڈیوڈ لیٹن نے لکھا ہے [4] کہ ہندستان کے ہزار ہا اسکولوں میں مختلف مذاہب سے تعلق رکھنے والے طلبہ اردو کو ایک اختیاری مضمون کی حیثیت سے پڑھ سکتے ہیں اور بالخصوص شمالی ہند کے طلبہ کے لیے اردو سب سے زیادہ موزوں اختیاری مضمون ہو سکتا ہے کیوں کہ لفظیات، گرامر وغیرہ سیکھنے کی ضرورت ہی نہیں پڑے گی اور صرف رسمِ خط سیکھنے سے ان کا کام چل جائے گا۔ وہ اردو کی اعلا تعلیم حاصل نہ کریں، اردو ادب کا مطالعہ نہ کریں تو بھی اس قابل ضرور ہو جائیں گے کہ اردو پڑھ سکیں مگر ایسے اسکولوں میں عام طور پر صرف مسلم طلبہ اپنی مرضی سے ہی اردو اختیار کرتے ہیں اور غیر مسلم طلبہ اب اس زبان کو خیر باد کہہ چکے ہیں۔ اس کے علاوہ ملک میں ہزاروں کی تعداد میں دینی مدارس ہیں۔ گانوں اور دیہات میں بچے دن میں اسکول جاتے ہیں اور شام کو دینی تعلیم حاصل کرنے کے لیے دو گھنٹے مدرسے کی تعلیم پر صرف کرتے ہیں۔ ہر

علاقے میں دینی مدارس کا نیٹ ورک بچوں کو اردو زبان سے واقفیت حاصل کرنے میں معاونت کرتا ہے مگر متوسط طبقے کے بچے اسکولوں میں اردو نہیں پڑھ رہے ہیں۔ اگرچہ ان کی اکثریت مذہبی شناخت کے پیشِ نظر دینیات کا مطالعہ ضرور کرتی ہے جس کا ذریعۂ تعلیم صرف اردو ہے۔[۱۵]

وہ طلبہ جو مدارس سے فارغ ہو کر نکلتے ہیں یا وہ طلبہ جو اردو کو دوسری یا تیسری زبان کی حیثیت سے سرکاری اسکولوں میں پڑھتے ہیں دراصل وہی طلبہ 'نئی دنیا' جیسے اخبارات کے قارئین بھی ہیں۔ لاکھوں کی تعداد میں موجود ایسے ہی افراد اردو کی نئی نسل میں اردو اخبارات کے قارئین ہیں اور اس زبان کی بقا کی سماجی بنیاد فراہم کرتے ہیں۔[۳۲]

اردو کے معاملے میں ہر مسلمان کی خواہش ہوتی ہے کہ اس کے بچے اس رسمِ خط سے ضرور واقف ہوں جس سے قرآن بھی وابستہ ہے اور یہ خواہش اردو زبان اور اس کے رسمِ خط کو بغیر کسی سرکاری سرپرستی کے زندہ رکھنے میں اہم رول ادا کرتی رہی ہے۔ اردو رسمِ خط کا معاملہ مسلمانوں کے مخصوص تناظر اور سماجی حقائق سے وابستہ ہے۔ مسلم بچوں کی ابتدائی تعلیم مدارس میں ہوتی ہے جس کا سرمایہ دارانہ نظام سے کوئی تعلق نہیں۔ چناں چہ مدارس پر انحصار کرنے سے اردو محض مسلمانوں کی زبان بن کر رہ گئی ہے۔ جس کا مطلب ہے اردو ناشر صرف وہی کتابیں اور رسائل شائع کریں گے جن کا تعلق مسلمانوں کی دلچسپیوں سے ہوگا۔ نتیجے کے طور پر اشتہاری ایجنسیاں مسلمانوں کو سب سے غریب طبقہ تصور کرتی ہیں۔ اس لیے وہ ان پبلی کیشنز اور زبانوں کو اپنا اشتہار دیتی ہیں جہاں انھیں زیادہ فائدے کی توقع ہوتی ہے اور جو زیادہ تر غیر مسلم طبقے کی دلچسپیوں سے تعلق رکھتے ہیں۔[۳۳]

آئرش زبان کی جدید تاریخ اس بات کا ثبوت ہے کہ برطانوی سامراجیت کے تحت کس طرح یہ زبان اپنی بقا کے تحفظ میں کامیاب رہی۔ یہ بجائے خود اس تضاد کا مظہر بھی ہے کہ کسی زبان کو قائم رکھنے میں سماجی بنیاد اور سرکاری سرپرستی دونوں کا رول کتنا اہم ہوتا ہے۔ اس کے علاوہ اسرائیل میں عبرانی اور پنجاب میں گورمکھی رسمِ خط اور زبان کا معاملہ ایک دوسری ہی کہانی پیش کرتا ہے اور ان دونوں زبانوں نے جو اپنے طبقات کی شناخت کا مظہر تھیں، خود کو سرمایہ دارانہ نظام کا جز بھی بنایا ہے۔ ان دونوں زبانوں کو سرکاری اور سماجی حمایت اس لیے حاصل ہو سکی کہ ان زبانوں کے بولنے والوں نے مذہبی شناخت کے واسطے سے ان زبانوں کے تحفظ کا مصمم ارادہ کیا۔ 1947 سے اب تک اردو کو اگرچہ سماجی سطح پر مسلمانوں کی زبردست حمایت حاصل رہی لیکن حکومت کی جانب سے اسے کسی قسم کی ایسی مدد نہ مل سکی جو اس کی بقا کی جدوجہد میں معاون ہوتی۔ اسرائیل اور پنجاب میں سماجی حمایت کا منبع مذہب ہے۔ (اگر کیتھولک مسلک کے صحیفے آئرش زبان میں یا بالخصوص آئرش رسمِ خط میں لکھے گئے ہوتے تو کیا آئرش زبان موجودہ آئرلینڈ میں نسبتاً زیادہ مستحکم ہوتی؟)۔ میرا خیال یہ ہے کہ تضاد یہ ہے کہ اگر سماجی اور سرکاری پشت پناہی کسی زبان کو حاصل ہو جائے تو اس زبان پر مذہب کا اثر و رسوخ کم ہو سکتا ہے جو بالآخر سرمایہ دارانہ نظام کا ممد و معاون ثابت ہوتا ہے اور اس طرح زبان کے سیکولر کردار کے تعین کو یقینی بنایا جا سکتا ہے۔

آج اردو اخبارات اور ان کی اشاعت کا نظام جو کہ ملک بھر میں پھیلا ہوا ہے اور جو بنیادی طور پر اپنی قیمتِ فروخت پر ہی منحصر ہے اور جس نے سرمایہ دارانہ نظام کے دائرے سے الگ رہ کر بھی خود کو زندہ رکھا ہے اور ساتھ ہی مذہبی رجحانات سے بھی محفوظ رکھا ہے اگر سرمایہ داروں کو آج یہ احساس ہو جائے کہ اردو ریڈر شپ کی مسلسل تجدید ہو رہی ہے اور اہل حرفہ جو کہ نچلے متوسط طبقے سے تعلق رکھتے ہیں، اردو آج ان کی ترجمانی کر رہی ہے اور ان متوسط مسلم صارفین میں ''انصاری، قُفل ساز اور دیگر پیشہ ور طبقات'' شامل ہو رہے ہیں؛ [۲۸] تو میں سمجھتا ہوں کہ ہندستان میں اردو صحافت اپنی بقا کے لیے کسی نارتھ کلف، مرڈوک یا سٹیزن کین کی منتظر ضرور ہے۔

حواشی:

1- مہاتما گاندھی Collected Works جلد 62، ص ص 09-408۔ یہ عبارت پیٹر بروک نے The Mahatma and Mother India : Essays on Gandhi's Non-violence and Nationalism احمد آباد: نوجیون 1983 میں ص 200 پر نقل کی ہے۔

2- کرسٹوفر آرکنگ، One language Two Scripts: The Hindi Movemnet in Nineteenth Century North India بمبئی: آکسفورڈ یونی ورسٹی پریس 1994 ص ص 8,178

3- روبن جیفرے، 'The Mystery of the Urdu Dailies' وِدُورا، جنوری۔فروری 1988 ص ص 38-40

4- Press in India, 1995 نئی دہلی: وزارتِ اطلاعات ونشریات نئی دہلی، (1996)، ص 42، پریس ان انڈیا، 1975 ص 35۔

اس عرصے میں تمام زبانوں میں اخبارات کی تعدادِ اشاعت میں مجموعی اضافہ صرف 240 فی صد کا ہوا جو 9.3 ملین سے بڑھ کر 31.6 ملین ہوگئی۔

5- متعلقہ برسوں کی تفصیلات کے لیے دیکھیے: پریس ان انڈیا اور List of Circulations Certified for the Six-Monthly Audit Period... (Bombay: ABC)

ABC کے معاملے میں ہر برس کے لیے دو ششماہیوں کے اعداد و شمار دستیاب ہیں۔ راقم الحروف نے تعدادِ اشاعت نقل کرتے وقت ہر برس کی اسی چھماہی کی تعداد کو ترجیح دی ہے جو زیادہ ہے اور اسی بنیاد پر گراف تیار کیا ہے۔

6- 1976 کے چھے اخبارات میں ہندسماچار، جالندھر؛ انقلاب، ممبئی؛ سیاست، حیدرآباد؛ سیاست جدید، کان پور اور ملاپ، دہلی شامل ہیں۔ سیاست جدید اور ملاپ نے 84-1983 میں ABC کی رکنیت کو خیر باد کہہ دیا جب کہ

1990 میں اردو ٹائمز، ممبئی نے ABC کی رکنیت قبول کرلی۔ رجسٹرار آف نیوز پیپرز کے دفتر میں رجسٹرڈ اردو اخبارات کی تعداد بھی 1994 میں زوال پذیر ہوکر 82 رہ گئی جب کہ 1976 میں یہ تعداد 94 تھی۔ جب کہ اعداد وشمار کے مطابق ان روزناموں کی تعدادِ اشاعت میں اضافہ ہوا۔ تفصیلات کے لیے دیکھیے پریس ان انڈیا 1977 ص 11 اور پریس ان انڈیا 1995 ص 48

7- وِدُورا، فروری 1982 ص 41؛ اکتوبر 1982 ص 284

8- یوگندر سکند، 'Muslims and Mass Media', Economic and Political Weekly ممبئی، 13/اگست 1996 ص 35-2134

9- اطہر فاروقی، The Emerging Dilemma of the Urdu Press in India: A Viewpoint; South Asia, Deptt. of History, University of New England, Australia, Volume 18, no. 2 (December 1995), ص 91

10- ایضاً۔ ص ص 3-102

11- آر ایس نیومین، Grassroots Education in India (New Delhi: Sterling for the Asian Studies Association of Australia, 1989) ص ص 108-74 نے اتر پردیش کے مکاتب اور ان کو ملنے والے عوامی تعاون کے بارے میں تفصیل سے لکھا ہے۔

12- اطہر فاروقی، اطہر فاروقی، The Emerging Dilemma of the Urdu Press in India: A Viewpoint; South Asia, Deptt. of History, University of New England, Australia, Volume 18, no. 2 (December 1995), ص 97

13- پریس ان انڈیا 1992 ص 330۔ 76-1992 تک وزارتِ تجارت (Ministry of Commerce) ان معاملات سے متعلق تھی اور 1976 میں یہ امور وزارتِ اطلاعات ونشریات کے دائرۂ اختیار میں آگئے اور اخباری کاغذ کا کوٹا وہاں سے تقسیم ہونے لگا۔

14- ملاحظہ کیجیے پریس ٹرسٹ آف انڈیا، 5/فروری 1997 جس میں پریس کاؤنسل کی اس منشا پر گفتگو کی گئی ہے جو اخبارات کو حاصل ہونے والی ایسی مراعات پر تشویش کا اظہار کرتی ہے جن میں خصوصاً 'زمین اور مکانات کی بازار سے بہت کم قیمت پر حصول' کے معاملات شامل ہیں۔ تفصیلات کے لیے دیکھیے From India News Network Digest فروری/7,1997 INDIA-L@ INDNET.org

15- اطہر فاروقی، The Emerging Dilemma of the Urdu Press in India: A Viewpoint; South Asia, Deptt. of History, University of New

England, Australia, Volume 18, no. 2 (December 1995),
میں اخبارات کے اس رویے پر اردو صحافت کے حوالے سے تفصیلی بحث کی گئی ہے۔

-16 ٹی جے ایس جورج The Provincial Press in India (New Delhi: Press Institute of India, 1967), ص ص 6-7 اور In Defence of Press Freedom (Calcutta: The statesman, 1982), 59 Press Council of India Review, Vol. 13, no. 3 (July 1992), ص ص 122-24

-17 Press and Advertisers' year Book, 1994-5 ص ص 104c-08c '55 روپیے جو کہ 275 فی کالم سینٹی میٹر کے برعکس ہے۔

-18 پرکاش ٹنڈن، Punjabi Century (Delhi Orient Paperbooks, nd; (اولین اشاعت 1961، ص ص 67-68

-19 ABC Certificates, Audit Period : January 1 to June 19-30,1992 Serial no. 87 (Bombay : Audit Bureau of Circulations, 1993), no. 510, /87۔ نیز وجے کمار چوپڑہ چیف اڈیٹر ہندسماچار گروپ، جالندھر کا انٹرویو، 20/مئی 1993

-20 ہندسماچار گروپ جالندھر میں مشاہدات اور انٹرویو 20/مئی 1993

-21 وجے کمار چوپڑہ جالندھر انٹرویو 20/مئی 1993

-22 پریس اینڈ ایڈورٹائزس ایئر بک 95-1994 ص 104c-05c، 128c-29c

-23 مسلم انڈیا، شمارہ نمبر 113، مئی 1992 کے مطابق ان اسکولوں کی تعداد 1100 ہے۔ ص 225۔ یہ تفصیلات علی سردار جعفری کمیٹی رپورٹ 1991 کے مطابق ہیں جو حکومت کو پیش کی گئی۔ اس سلسلے میں مزید تفصیلات کے لیے دیکھیے: اطہر فاروقی Urdu Education in India: Four Representative States, Economic and Political Weekly, April 2, 1994

-24 'سیاست حیدرآباد کے چار دہے 91-1949'، (حیدرآباد: سیاست 1991) اندرونی کور پر شائع شدہ مضمون۔

-25 زاہد علی خاں، اڈیٹر سیاست حیدرآباد سے انٹرویو۔ 3/مارچ 1993

-26 سیاست حیدرآباد کی رپورٹر رتنا چھوٹرانی سے انٹرویو۔ 3/مارچ 1993

-27 زاہد علی خاں سے انٹرویو۔ 3/مارچ 1993

-28 'سیاست کے چار دہے' ص 5 اور باہری کور (سیاست حیدرآباد)

-29 ارشاد علمی، اڈیٹر اور مالک، سیاست جدید، کان پور سے انٹرویو، 13/مئی 1993

-30 شاہد صدیقی اڈیٹر اور منیجنگ ڈائرکٹر نئی دنیا، نئی دہلی سے انٹرویو 10/مئی 1993

31- The Indian Newspaper Society handbook (1992), ص473

32- دوردرشن کے اردو بلیٹن کے خلاف بنگلور میں عوامی ردِعمل اس بات کا ثبوت تھا کہ حکومت کے غیر حکیمانہ رویّے کس طرح مسائل پیدا کرتے ہیں۔ تفصیلات کے لیے دیکھیے انڈین ایکسپریس، نئی دہلی اکتوبر 6, 1994

33- 'پریس ان انڈیا' 1995، ص48

34- ڈیوڈ ڈی لیٹن، Language, Repertoires and State Construction in Africa (Cambridge: Cambridge University Press, 1992), ص153

لیٹن کی یہ کتاب ان معنون میں قابلِ ذکر اور مایوس کن ہے کہ اس نے زبان کے ارتقا اور فروغ میں اخبارات اور اشتہارات کے رول کو نظر انداز کیا ہے۔

35- شاہد صدیقی کا انٹرویو، 10 رمئی 1993

36- یہاں اس بات کی وضاحت ضروری ہے کہ 1996 میں اردو بلٹز کے نئے مالکان کا اسے بند کرنے کا فیصلہ کاروباری سے زیادہ نظریاتی تھا۔

37- اطہر فاروقی The Emerging Dilemma of the Urdu Press in India: A Viewpoint; South Asia, Deptt. of History, University of New England, Australia, Volume 18, no. 2 (December 1995), ص103 پر بتایا ہے کہ انڈیا ٹوڈے نے اپنے اردو قالب کی اشاعت کا فیصلہ کیا تھا مگر بعد میں اس مقتدر میگزین کے مالکان کو اپنا یہ ارادہ اس لیے ترک کرنا پڑا کہ 'اردو اخباروں کے مالکان نے انھیں یہ کہہ کر گمراہ کیا کہ مسلمان نیشنل پریس پر اس لیے یقین نہیں کرتا کیوں کہ وہ ذہنی طور پر Anti-Establishment ہے'

38- ایس ایل راو اور آئی نٹراجن، Indian Market Demographics: The Consumer Class (New Delhi Global Business Press, 1996) ص 32-214

مسلم اور مذہبی صحافت کا تاریخی تجزیہ

خوشتر نورانی

مسلم صحافت کی تاریخ پونے دوسو سال پرانی ہے، اس طویل عرصے میں اپنی تمام تر جدوجہد اور صحافتی تقاضوں کی تکمیل کے باوجود اسے کبھی بھی وہ عروج حاصل نہیں ہوسکا جو دوسری قوموں کی صحافت کا مقدر ٹھہرا۔ ان پونے دوسو سالوں میں ذرائع ابلاغ کا دائرۂ کار وسیع تر ہوتا گیا، لیکن مسلم صحافت غیر منقسم ہندوستان سے مسلم سماج اور اس کے بعد مسلمانوں کے مذہبی یا اردو پسند حلقوں میں سمٹتی چلی گئی۔ ان گزرے ہوئے سالوں میں کبھی کسی تحریک یا جذبے کے زیر اثر مسلم صحافت کا دائرہ وسیع ہوتا ہوا دکھا بھی تو صرف اس وقت تک جب تک مذکورہ تحریک یا جذبے میں حرارت باقی رہی۔ ان کی یخ بستگی کے ساتھ ہی مسلم صحافت کی یہ وسعت سمٹ کر پھر اپنے محور پر گردش کرنے لگی۔ آگے چل کر مسلم صحافت کے بطن سے ہی مسلمانوں کی مذہبی صحافت نے بھی اپنے بال و پر نکالے، لیکن بہ استثنائے چند ان کے ذمہ داران کی صحافتی تقاضوں سے بے خبری مذہبی رسالوں کو طویل زندگی نہیں دے سکی اور اگر وسائل کی فراوانی نے کسی کو لمبی عمر تک زندہ بھی رکھا تو اسے عوام کی جانب سے قبولیت کا خلعت عطا نہیں ہوسکا۔

مذہبی صحافت کی عدم مقبولیت نے ہی شاید مؤرخین کو اس کی مبسوط تاریخ لکھنے سے بے پروا رکھا، ناقدین نے اس کے محاسن و معائب پر گفتگو نہیں کی اور محققین نے اس کے لیے اپنی بساط تحقیق نہیں بچھائی۔ دنیا کی مختلف قوموں اور زبانوں یہاں تک کہ مسلم صحافت کی تاریخ اور عروج و زوال پر بھی ہمیں کثیر سرمایہ ملتا ہے، جب کہ مذہبی صحافت کی تاریخ، اس کے عناصر و اسالیب، رجحانات اور محاسن و معائب پر مشتمل چند مبسوط علمی و تحقیقی مضامین بھی نہیں ملتے۔ کسی بھی ترقی یا زوال کے دو بنیادی عناصر ہوتے ہیں: ایک داخلی اور دوسرا خارجی۔ داخلی عناصر کا تعلق صلاحیت، پیشکش اور طریق کار سے ہوتا ہے، جب کہ خارجی عناصر حالات اور ماحول پر مشتمل ہوتے ہیں۔

ترقی کا مدار دونوں عناصر کی صحیح تنظیم وترتیب پر ہے، ان میں سے کسی ایک کی ناہمواری زوال اور نامقبولیت کا باعث بن جاتی ہے۔ عام مسلم صحافت اور مسلم مذہبی صحافت کی تاریخی کڑیوں کو مختلف ادوار میں جوڑنے کی کوشش کی جائے تو ہر دور میں ذرائع ابلاغ کے ہمہ گیر اثرات کے باوجود دونوں کی نامقبولیت کو مذکورہ نکتے میں دیکھا جاسکتا ہے۔

مسلم صحافت کے داخلی عناصر تو ہر دور میں صحیح رہے، لیکن بدقسمتی سے اس کے دائرۂ اثر کو خارجی عناصر نے کبھی وسیع اور ہمہ گیر ہونے کا موقع نہیں دیا، یہ خارجی عناصر مختلف زمانے میں مختلف رہے جن کی تفصیل یہ ہے:

1۔ انگریزی سرکار کی سیاسی قلابازیاں، 2۔ 1857 کے الم ناک حادثے، 3۔ لسانی تعصب، 4۔ ہندوؤں اور مسلمانوں کا مذہبی اور معاشرتی تناؤ، 5۔ تقسیم ہند، 6۔ اردو زبان کا اسلامائزیشن اور 7۔ تقسیم ہند کے بعد اقلیتی اور اکثریتی مفادات پر حکومتوں کا جانب دارانہ رویہ۔

جب کہ مذہبی صحافت سے عوام کی عدم دلچسپی کا سبب خارجی عناصر کے ساتھ داخلی عناصر بھی رہے، جن کی تفصیل یہ ہے:

1۔ پیش کش کا روایتی طریق کار، 2۔ Outdated موضوعات کا انتخاب، 3۔ عصری مفاہیم اور اسالیب سے بے خبری، 4۔ صحافتی اصول سے ناآشنائی، 5۔ فروعی مسائل پر جنگ وجدال، 6۔ رسائل کی اشاعت میں وقت، محنت اور توجہ کی کمی، 7۔ صحافت کی اہمیت واثرات سے غفلت۔

ان دونوں عناصر کو سمجھنے کے لیے مسلم اور مذہبی صحافت کے تاریخی ادوار کا جائزہ ضروری ہے۔

برصغیر میں مطبوعہ صحافت کا آغاز اور مسلمان

برصغیر میں مطبوعہ صحافت کی ابتدا کلکتہ سے 1779 میں 'کلکتہ جنرل ایڈورٹائزر' کی اشاعت سے ہوئی، اس ہفت روزہ انگریزی اخبار کو جیمز آگسٹس ہیکی نے جاری کیا، جسے عرف عام 'ہیکی کا گزٹ' بھی کہتے ہیں۔ وقت گزرنے کے ساتھ جیسے جیسے ایسٹ انڈیا کمپنی کا تسلط ہندوستان کے مختلف علاقوں پر بڑھتا گیا، انگریزی صحافت میں بھی توسیع ہوتی گئی، یہاں تک کہ انیسویں صدی کے ربع اول تک انگریزی اخبارات کی تعداد ایک درجن سے زائد ہوگئی۔ یہ بھی واضح رہے کہ انگریزی صحافت کی توسیع ان علاقوں (بنگال اور اس کے مضافات) میں ہو رہی تھی جہاں مسلمان نہایت پسماندگی کی حالت میں گزر بسر کر رہے تھے، کیوں کہ انگریزوں کے متعدد اقدامات نے انھیں معاشی، سماجی اور تعلیمی حیثیت سے کمزور کر دیا تھا، جب کہ ہندوؤں میں (جو پہلے سے ہی مسلمانوں کے زیر اقتدار تھے) انگریزی تعاون سے اصلاحی تحریکیں شروع ہوچکی تھیں، ان اصلاحات اور ہندوستانیوں میں عیسائیت کی تبلیغ کے لیے جگہ جگہ عیسائی مشنریاں بھی قائم کی جاچکی تھیں، جنھیں مسلمان قبول کرنے کو تیار نہیں تھے۔ اس وقت انگریزوں نے محسوس کیا کہ اس مقصد کی تکمیل کے لیے مختلف علاقائی زبانوں میں

اخبارات ورسائل بھی جاری کیے جائیں۔ چنانچہ ہندوؤں اور عیسائی مشنری کے زیر اہتمام فارسی، ہندی، بنگالی اور گجراتی زبانوں میں اخبارات نکلنا شروع ہوئے۔

اس سلسلے میں کلکتہ سے 1818 میں ڈاکٹر مارش مین نے بنگالی زبان کا پہلا رسالہ ماہنامہ 'ڈگ درشن'، کلکتہ سے ہی اپریل 1822 میں ہندو مصلح راجہ رام موہن رائے نے فارسی کا پہلا ہفت روزہ 'مرآۃ الاخبار'، ممبئی سے 1822 میں مرزبان جی نے گجراتی زبان کا اولین اخبار ہفت روزہ 'بمبئی سماچار' اور کلکتہ سے ہی 1826 میں جگل کشور شکلا نے ہندی کا پہلا ہفت روزہ اخبار 'اودنت مارتنڈ' جاری کیا۔ اس تفصیل کے بعد یہ اندازہ لگانا مشکل نہیں رہ جاتا کہ برصغیر کی ابتدائی مطبوعہ صحافت میں مسلمانوں کا نام ونشان بھی نہیں تھا۔

اردو صحافت کے آغاز کا مقصد اور مسلمان

اردو کی مطبوعہ صحافت کا آغاز بھی ایسٹ انڈیا کمپنی کے زیر اہتمام 1822 میں ہفت روزہ 'جام جہاں نما' کلکتہ سے ہوا، جس کا مدیر و مہتمم منشی سدا سکھ کو بنایا گیا، لیکن اردو صحافت کی اشاعت اور فروغ کا مقصد عیسائیت کی تبلیغ یا ہندوستانیوں کی اصلاحات نہیں تھی، اگر ایسا ہوتا تو مذکورہ اخبار کو کلکتہ کی بجائے اردو کے مراکز یا علاقوں سے جاری کیا جاتا، کلکتہ اور اس کے مضافات میں تو مسلمانوں کے درمیان بھی اردو مقبول نہیں تھی تو وہاں کے عام ہندوستانی کیا پڑھتے؟ شاید اسی وجہ سے مذکورہ اخبار کو ناکامی کا منھ دیکھنا پڑا اور وہ مختصر سی مدت میں بند ہوگیا۔ اردو صحافت کے آغاز کا مقصد مؤرخین نے جو بیان کیا ہے، اس سے پتہ چلتا ہے کہ مسلمانوں کے تقریباً ہزار سالہ دور حکومت میں فارسی کو علمی، ادبی اور تہذیبی زبان کا درجہ حاصل تھا، یہ مسلمانوں کے اقتدار کی نشانی تھی جب کہ اردو صرف شعروسخن کی زبان تھی۔ انیسویں صدی کے ابتدائی ادوار میں جب ایسٹ انڈیا کمپنی کی سیاسی اور عسکری قوت بڑھنے لگی تو انگریزوں نے چاہا کہ ہندوستانیوں بالخصوص مسلمانوں کا رشتہ ان کے ماضی سے کاٹ کر انھیں ذہنی و فکری حیثیت سے بھی غلام بنایا جائے۔ اس مشن اور خواہش کی تکمیل کے لیے فارسی زبان کا خاتمہ ضروری تھا۔ انگریزی کا چلن اس وقت عام نہیں تھا، اس لیے ان کی نگاہ انتخاب اردو پر پڑی اور انھوں نے اردو کو فروغ دینے کا منصوبہ بنایا۔ 1800 میں فورٹ ولیم کالج کا قیام اسی مقصد کے تحت ہوا تاکہ فارسی کے بالمقابل اردو زبان کو ہندوستانیوں میں عام کرنے کی تحریک چلائی جاسکے اور اسی مقصد کے تحت مذکورہ ہفت روزہ اخبار بھی جاری کیا گیا۔ یہاں تک کہ 1830 میں فارسی کو ختم کرکے اردو سرکاری زبان بنا دی گئی۔ اس طرح انگریزوں کی سیاسی قلابازیوں اور منصوبوں کے نتیجے میں انیسویں صدی کے ربع اول سے 1857 تک ہندوستان کی مقامی زبانوں (فارسی، اردو، بنگالی، گجراتی، مراٹھی) میں تقریباً سو اخبارات ورسائل جاری ہوئے، جن میں مسلمانوں کی حصہ داری پچیس فیصد سے زیادہ نہیں رہی، اس کے برخلاف ہندوؤں نے انگریزوں کے تعاون سے مطبوعہ صحافت

کے اس ابتدائی دور میں غیر معمولی دلچسپی کا مظاہرہ کیا۔

مسلم صحافت

برصغیر میں مسلم صحافت کو چار ادوار میں تقسیم کیا جاسکتا ہے:

پہلا دور 1833 سے 1857 تک، دوسرا دور 1858 سے 1900 تک، تیسرا دور 1901 سے 1947 تک اور چوتھا دور 1948 سے تا حال

پہلا دور: 1833-1857

برصغیر میں مغلوں کے زوال کے ساتھ ہی مسلمانوں کے (ہر محاذ پر) زوال کی تاریخ شروع ہوتی ہے، چنانچہ مسلم صحافت بھی اس کا شکار ہوئی اور برصغیر میں مطبوعہ صحافت کے تقریباً 52 سالوں اور ہندو صحافت کے 13 سالوں کے بعد 1831 میں مسلم صحافت کا آغاز ہوتا ہے۔ 1831 میں مولوی سراج الدین نے کلکتہ سے پہلا فارسی اخبار 'آئینہ سکندر' جاری کیا، جب کہ مولانا محمد حسین آزاد کے والد مولوی محمد باقر نے 1836 میں دہلی سے 'دہلی اردو اخبار' کے نام سے پہلا اردو اخبار نکالا۔ اس طرح 1857 تک فارسی اور اردو زبانوں میں مختلف مقامات سے مسلمانوں نے مزید چند اخبارات و رسائل جاری کیے، جن کی کل تعداد تیس کے آس پاس ہوگی۔

مسلم صحافت کے اس پہلے پڑاؤ میں مسلمانوں کے پاس نہ کوئی منصوبہ تھا اور نہ کوئی مشن یا تحریک جس کو وہ اپنی صحافت کے ذریعے آگے بڑھاتے، اس لیے مسلم صحافت کا پہلا دور صحافتی نقطۂ نظر سے بدرنگ اور پھیکا ہی رہا۔ اسی وجہ سے مسلم صحافت اپنے پہلے دور میں براہ راست کوئی نمایاں خدمت بھی نہیں انجام دے سکی اور نہ ہی کوئی اخبار عوام میں بہت زیادہ مقبول ہوسکا۔ اس دور کے اکثر اخبارات و رسائل آخری مغل تاجدار بادشاہ غازی کے شب و روز کا اشتہار بنے ہوئے تھے یا پھر استادان شعر و سخن کی آپسی چپقلش کے نمائندے۔ مثلاً اس وقت استاد ذوق اور مرزا غالب کی فنی رقابت عروج پر تھی، لہٰذا مسلم اخبارات بھی دو حصوں میں بٹے ہوئے تھے، ایک گروپ غالب کے پرستاروں کا تھا تو دوسرا ذوق کا گرویدہ اور دونوں ہی گروپ ایک دوسرے کو نیچا دکھانے کا کوئی موقع ہاتھ سے جانے نہیں دیتے تھے۔ ایک بار غالب کو قمار بازی کے الزام میں سزا ہوگئی تو بشمول 'دہلی اردو اخبار' ذوق کے حامیوں نے اپنے اخبارات میں اس خبر کو خوب اچھالا۔ اسی طرح مسلم صحافت کا پہلا فارسی اخبار 'آئینۂ سکندر' کو مرزا نوشہ کی سرپرستی حاصل تھی، اس لیے ہر خبر کی سرخی کے نیچے ان کا ایک فارسی کا شعر بھی ہوا کرتا تھا۔ شعرا کے منظوم کلاموں کی کثرت اشاعت ان پر مستزاد، جس نے صحافت کو مشاعرہ گاہ بنا کر رکھ دیا تھا۔ ان اخبارات میں ملکی اور بین الاقوامی خبریں بھی ہوتی تھیں، جن کے مآخذ و مراجع انگریزوں اور ہندوؤں کے زیر

ادارت نکلنے والے اخبارات ہی ہوا کرتے، اس لیے واقعات کے حقائق کا تعین بھی مشکل تھا اور خبروں کے بین السطور سے صحیح تجزیہ وتبصرہ بھی پریشان کن۔ ہاں! ان میں کچھ اخبارات ایسے بھی تھے جو انگریز افسروں کے ناروا ظلم و جبر کے خلاف آوازِ حق بھی بلند کرتے تھے، مگر ان کی تعداد آٹے میں نمک کے برابر تھی۔

جہاں تک مذہبی صحافت کی بات ہے، جس میں عموماً مذہبی امور پر مسلمانوں کی رہنمائی مقصود ہوتی ہے، اسلامی تعلیمات کی تبلیغ و اشاعت ہوتی ہے اور مذہبی و ملی مسائل کا تاریخی و تجزیاتی مطالعہ ہوتا ہے، مسلم صحافت کے اس پہلے دور میں اس کا کوئی سراغ نہیں ملتا۔ حیرت کی بات ہے کہ انگریزوں نے اپنی طاقت کے ابتدائی مرحلے میں ہی عیسائیت کی تبلیغ کا آغاز مختلف شعبوں سے کر دیا تھا جس میں صحافت بنیادی کردار ادا کر رہی تھی، لیکن مسلمانوں کی جانب سے کوئی مجلہ یا رسالہ شروع نہیں کیا گیا، حالانکہ ردِ عمل میں اس کام کا آغاز ناگزیر تھا۔ اس کے علاوہ 1857 سے پہلے ملک کے سیاسی حالات بھی ایسے نہیں تھے جیسا کہ اس کے بعد ہوئے، مادی انقلاب نے ہندوستان کے دروازے پر دستک بھی نہیں دی تھی اور نہ ہندوستانی مسلمانوں کی مذہبی تپش کو کسی 'ازم' نے ٹھنڈا کیا تھا۔ یہ سچائی ہے کہ اس وقت مسلمان سیاسی سطح پر نبرد آزما تھے، مگر مسلم دشمنی کی ایک بڑی وجہ ان کے مذہبی اور ایمانی معاملات بھی تھے۔ انگریزوں کے ذریعے فارسی زبان کے خاتمے کی کوشش اور اسلامی علوم وفنون کو مٹانے کی جد و جہد اسلام دشمنی کے روشن استعارے تھے۔

یہ بھی حقیقت ہے کہ ہر دین کی رہنمائی اور اشاعت اس کے علما ہی کرتے ہیں، اسلام کا استحکام اور تبلیغ بھی علمائے شریعت کے ذریعے ہی ہوتی رہی ہے۔ حیرت ہے کہ برصغیر میں مسلم صحافت کے آغاز اور عروج میں علما نے ہی کمان سنبھالی، لیکن اپنے پہلے صحافتی دور میں انھوں نے ہی مذہبی صحافت کو بالکل نظر انداز کر دیا، دوسرے لفظوں میں صحافت کے ذریعے اسلام کے استحکام و تبلیغ کی کوشش سے پہلوتہی کی گئی۔ مسلم صحافت کا آغاز و ارتقا اگر علما کے ذریعے نہیں ہوا ہوتا تو یہ شکایت اتنی برمحل نہیں ہوتی جتنی مذکورہ حالت میں ہوجاتی ہے۔ یہ شکایت اس وقت اور بھی بامعنی ہوجاتی ہے جب یہ تکلیف دہ تاریخ سامنے آتی ہے کہ اس وقت علما کا ایک بڑا طبقہ منقولات اور دینی و ملی ضرورتوں سے صرفِ نظر کر کے یونانی فلسفے کی درس و تدریس اور عقولِ عشرہ، خرق والتئام فلک اور جزء الذی لایتجزیٰ کے رد و ابطال میں مصروف تھا۔ قدیم فلسفے کی تردید پر مشتمل ان لاحاصل مصروفیات کا ایک عظیم دفتر آج بھی بطور یادگار لائبریریوں میں محفوظ ہے۔ ستم یہ ہے کہ علما کی تدریس کا ایک بڑا حصہ آج بھی ان کے بطلان پر صرف ہو رہا ہے، حالانکہ برصغیر میں نہ اس وقت مذکورہ نظریات کا کوئی پرستار تھا اور نہ آج کوئی ان کا حامی و موید ہے۔ ایسے میں یہ سوال اپنی پوری توانائی کے ساتھ ہمارے سامنے کھڑا ہوجاتا ہے کہ مذہبی حلقے میں یونانی فلسفے کے تردید و ابطال کی یہ ہنگامہ آرائیاں کیوں اور کس کے لیے تھیں؟ ہزار کوششوں کے باوجود بھی میں آج تک اس کا کوئی تسلی بخش جواب اپنے آپ کو دے کر مطمئن نہیں کر سکا۔ یہ بات بھی بڑی حیران کن ہے کہ سترہویں اور اٹھارہویں صدی میں ہی یوروپ کے اندر برپا ہونے والے جدید سائنسی انقلاب نے یونانی فلسفے کو رد کر دیا تھا اور

اس کے بالمقابل ڈارون ازم، مارکسزم اور فرائڈ کے جنسی فلسفے کی بنیاد رکھ دی گئی تھی، جو براہ راست مذہبی افکار و عقائد سے متصادم تھے اور بشمول برصغیر دنیا کے بڑے خطے کے ذہن وفکر کو تہ و بالا کر رہے تھے، مگر یوروپ کا یہ جدید فلسفہ نہ اس وقت علما کی دلچسپی کا موضوع تھا اور نہ آج ہے۔ ممکن ہے دو سو سالوں کے بعد جب کسی نئے فلسفے کی بنیاد پڑے تو وہ یوروپ کے مذکورہ نظریات کی تدریس وتردید کی طرف متوجہ ہوں۔

دوسرا دور: 1858-1900

مسلم صحافت کے دوسرے دور کا آغاز 1857 کی بغاوت کے بعد شروع ہوتا ہے اور انیسویں صدی کے اختتام پر تمام ہوجاتا ہے۔ 1857 کی جنگ آزادی کی ناکامی کے بعد مسلمانوں بالخصوص علما پر مصائب وآلام کے پہاڑ ٹوٹ پڑے، کیوں کہ اس جنگ کی پیشوائی یہی لوگ کر رہے تھے، اس لیے قید وبند کی صعوبتیں، سرکاری مناصب سے معزولی، سزائے موت، تعلیمی، سیاسی اور معاشی پابندیاں انھی کے حصے میں آئیں۔ برصغیر میں مسلمانوں کی اس داروگیر کے نتیجے میں مسلم صحافت بھی بے پناہ متاثر ہوئی اور متعدد اخبارات بند کردیے گئے۔ دہلی اردو اخبار کے مدیر مولوی باقر کو مسٹر ٹیلر پرنسپل دہلی کالج کے قتل کی سازش کے الزام میں گولی ماردی گئی، جب کہ ان کے صاحبزادے مولانا محمد حسین آزاد مصنف 'آب حیات' گرفتاری سے بچنے کے لیے روپوش ہوگئے، اس کے علاوہ مسلم اخبارات کے بہت سے مدیروں اور مالکوں کو جیل میں ڈال دیا گیا۔ انقلاب 1857 کے بعد مسلم صحافت کے وجود کا اندازہ اس سے ہوتا ہے کہ 1853 تک اردو زبان کے اخبارات کی تعداد 35 تھی، جب کہ 1858 میں یہ تعداد گھٹ کر صرف بارہ رہ گئی، ان بارہ میں بھی صرف چھ اخبارات جنگ سے پہلے کے تھے اور چھ نئے تھے۔ ان بارہ اخبارات میں سے صرف ایک کی ادارت ایک مسلمان کے پاس تھی، باقی تمام غیر مسلموں کی زیرادارت تھے۔ گویا یہ کہنا صحیح ہوگا کہ 1857 کے انقلاب کے بعد مسلم صحافت عملی طور پر ختم ہوگئی تھی۔ دوسری طرف ہندو صحافت نے جنگ آزادی کی ناکامی کے بعد اپنے اخبارات کے ذریعے مسلمانوں کے خلاف سخت انتقامی کارروائی کا مطالبہ کیا اور گنگا نہالیا۔ مسلم صحافت تو عملی طور پر ختم ہوچکی تھی اور جو رہ گئی تھی، خوف نے ان کے لہجے میں اعتدال پیدا کردیا تھا، ان حالات میں برصغیر کے اندر ہندو صحافت ہی رہ گئی تھی جسے حکومت کی سرپرستی حاصل تھی۔

1857 کے بعد تین چار سالوں تک مسلم صحافت نہایت محدود اور کمزور رہی۔ 1960 کے بعد مسلمانوں نے ایک بار پھر اپنی بکھری ہوئی طاقت وہمت کو یکجا کیا اور اپنی صحافت کو نئے سرے سے مستحکم کرنے کی جدوجہد کا آغاز کیا۔ نتیجے میں ایک کے بعد ایک اخبار ورسالہ نکلنا شروع ہوئے، یہاں تک کے اس صدی کے آخر تک مسلم صحافت کی آواز موثر اور مضبوط ہوکر آزادی وطن کے احتجاجوں اور نعروں میں تبدیل ہوگئی۔

تاریخی ادوار کے حساب سے مسلم صحافت کے دوسرے دور کا آغاز 1858 سے ہوتا ہے، اس دور میں 1900 تک سیکڑوں مسلم اخبارات ورسائل منظرعام پر آئے، لیکن مورخین اور صحافتی تحقیق کاروں کے مطابق اپنے مشمولات، اسلوب، پیش کش اور ذہن سازی کی وجہ سے جو مقبولیت اور شہرت سرسید احمد خاں (1817-1898) کے اخبار اور رسالے کو ملی وہ کسی دوسرے کے حصے میں نہ آسکی۔ سرسید کی مقبول اور موثر صحافت کی وجہ سے ہی محققین نے مسلم صحافت کے دوسرے دور کے باقاعدہ آغاز کا سہرا ان کے سر باندھا ہے۔ مسلم صحافیوں کی لمبی فہرست میں سرسید پہلے شخص تسلیم کیے گئے جنھوں نے صرف مسلمانوں کی اصلاحات کے لیے صحافت کے میدان میں آنے کا فیصلہ کیا اور ان میں جدید علوم کے حصول کی تحریک پیدا کرنے کے لیے علی گڑھ سے 1866 میں ہفت روزہ 'سائنٹفک سوسائٹی' جاری کیا، جو بعد میں علی گڑھ انسٹی ٹیوٹ گزٹ کے نام سے بھی مشہور ہوا۔ یہ انگریزی اور اردو دونوں زبانوں میں شائع ہوتا تھا تاکہ انگریزوں اور ہندوستانیوں بالخصوص مسلمانوں کو متوجہ اور متاثر کر سکے۔ بقول ڈاکٹر مسکین علی حجازی:

"انھوں (سرسید) نے اس اخبار کو صحت کے اعتبار سے اس مقام پر پہنچا دیا جہاں پہلے کوئی اردو اخبار نہیں پہنچا تھا، علاوہ ازیں انھوں نے اپنے مدلل، منطقی، عام فہم اداریوں، تبصروں اور مضامین سے اخبار کو مفید اور وقیع بنایا۔" (صحافتی زبان، ص:19، مطبوعہ سنگ میل پبلی کیشنز، لاہور)

انگریزوں نے اپنی سیاسی قوت کے ابتدائی دور میں فارسی دشمنی میں اردو کے فروغ کی جو کوشش شروع کی تھی، وہ انقلاب 1857 کے بعد کامیاب ہونا شروع ہوگئی تھی، اس لیے مسلم صحافت کے دوسرے دور میں فارسی کے مقابلے میں اردو اخبارات ورسائل کثیر تعداد میں نکلے، لیکن ان کا اسلوب ادیبانہ اور عربی وفارسی آمیز تھا۔ یہ اسلوب مسلم صحافت کے قبول عام میں بڑی رکاوٹ تھا۔ مسلم صحافت کے اسلوب کو بھی اپنے اخبار کے ذریعہ عام فہم بنانے میں سرسید نے بنیادی رول ادا کیا، جس کے اثرات بعد کے اخبارات میں بھی دکھائی دیے۔

مسلم صحافت کے پہلے دور کی طرح دوسرے دور میں بھی مذہبی صحافت کا نام ونشان نظر نہیں آتا، سوائے اس کے کہ کچھ اخبارات ورسائل کبھی کسی شمارے میں اپنی مضامین شائع کر دیا کرتے تھے۔ سرسید کے اخبار کے علاوہ دوسرے دور کی پوری مسلم صحافت پہلے پہل صحافت برائے صحافت پر عامل رہی، لیکن اپنے اخیر دور میں اس کی پوری توجہ آزادئ وطن کی جدوجہد پر مرکوز ہوگئی۔ یہ صحیح ہے کہ دوسرے دور میں مسلم صحافت کا مرکزی موضوع آزادئ وطن رہا اور یہ بھی سچ ہے کہ اس دور میں مذہبی صحافت کہیں نظر نہیں آتی، لیکن میری رائے میں باقاعدہ مذہبی صحافت کا آغاز اسی دور سے ہوتا ہے۔ یہ الگ بات ہے کہ اس آغاز کو وسعت نہیں مل سکی۔

برصغیر میں صحافت کی مفصل تاریخ کا مطالعہ بتاتا ہے کہ سرسید احمد خاں نے ہی مذہبی صحافت کی بنیاد رکھی اور 24 دسمبر 1870 میں علی گڑھ سے 'تہذیب الاخلاق' جاری کیا۔ اس رسالے کا مقصد مسلمانوں کی دینی رہنمائی اور ان کی معاشرت کی اصلاح تھی۔ سرسید نے 'تہذیب الاخلاق' کے پہلے ہی شمارے میں 'تمہید' کے زیرعنوان

اپنے مقصد کا ذکر کرتے ہوئے لکھا تھا کہ:

''بس ہمارا مطلب ہندوستان کے مسلمان بھائیوں سے ہے اور اس مقصد کے لیے یہ پرچہ جاری کرتے ہیں تا کہ بذریعہ اس پرچے کے جہاں تک ہو سکے ان کے دین و دنیا کی بھلائی میں کوشش کریں۔'' (ص:1)

اس رسالے کے تعلق سے محمد افتخار کھوکھر نے تاریخ صحافت میں لکھا ہے کہ:

''تہذیب الاخلاق نے مسلمانوں کی زندگیوں میں انقلاب برپا کر دیا۔ اس اخبار نے مسلمانوں کو فرسودہ روایات، رسومات کی اندھا دھند تقلید ترک کرنے کا مشورہ دیا، مسلمانوں کو اس بات پر آمادہ کیا کہ اپنی زندگیوں میں اسلام کو رائج کریں، لڑکیوں کے لیے بھی تعلیم کا انتظام کریں اور ہر قسم کے علوم وفنون سے استفادہ کریں۔'' (ص:83/ مطبوعہ مقتدرہ قومی زبان، اسلام آباد، پاکستان)

یہ بات بھی بڑی عجیب ہے کہ تہذیب الاخلاق کی بے پناہ شہرت ومقبولیت کے باوجود اس صدی کے آخر تک مذہبی صحافت کا کوئی دوسرا نقش سامنے نہیں آسکا، اس عرصے میں اگر کوئی مذہبی رسالہ جاری ہوا بھی ہوگا تو اس کی عدم مقبولیت تاریخ صحافت میں اپنا اندراج نہیں کرا سکی۔

مسلم صحافت کے پہلے دور کی طرح دوسرے دور میں بھی مسلم صحافیوں اور علما کی سرگرمیوں کے موضوعات اور ان کی ترجیحات مختلف تھیں، جن میں مذہبی صحافت کی گنجائش نہیں تھی، جس کا خمیازہ مؤرخین کی بے اعتنائی، عوام کی عدم دلچسپی اور نامقبولیت کی شکل میں مذہبی صحافت آج تک بھگت رہی ہے، جب کہ اسلام کی تبلیغ اور مسلمانوں کی دینی رہنمائی کا یہ ایک بڑا اور موثر ذریعہ ہو سکتا تھا۔ سرسید نے اس نوشتہ دیوار کو پڑھ لیا اور مذہبی صحافت کے ذریعہ مسلم سوسائٹی میں ذہنی وفکری انقلاب برپا کر دیا۔ آج اسی کا نتیجہ ہے کہ برصغیر کی اصلاحی، صحافتی، ادبی اور تعلیمی تاریخ کے حوالے سے مؤرخین، محققین اور لکھنے والوں کی کوئی بات سرسید کے ذکر کے بغیر مکمل نہیں ہوتی۔

مذہبی صحافت کے آغاز وارتقا میں سرسید کے نمایاں کردار کے اعتراف کے ساتھ یہ بات بھی اپنی جگہ بالکل درست ہے کہ انھوں نے اپنی مذہبی صحافت اور مذہبی تحریروں کے ذریعے دین کی جو تعبیر وتشریح پیش کی وہ 'اعتزالی فکر' کی نئی شکل تھی، جوامت مسلمہ کے شدید مذہبی انحرافات کا سبب بن گئی۔ سرسید کی تعلیمی، صحافتی اور اصلاحی میدانوں میں گرانقدر خدمات کے باوجود علما سے ان کے شدید اختلافات کی وجہ مذکورہ تعبیر وتشریح ہی تھی۔ یہ نظریاتی اختلافات آگے چل کر ان کی تعلیمی، اصلاحی اور صحافتی تحریکوں پر بھی براہ راست اثر انداز ہوئے۔ سرسید کی مذہبی تشریحات اور امت مسلمہ پر ان کے اثرات کے حوالے سے مولانا سید ابوالاعلیٰ مودودی کا یہ اقتباس قابل مطالعہ ہے:

''سرسید کے کام کو اصلاح اور تنقید عالی کے الفاظ سے تعبیر کرنا اور یہ کہنا کہ مسلمانوں میں ان کے بعد جتنی اہم مذہبی، سیاسی، اجتماعی، ادبی، تعلیمی تحریکیں اٹھی ہیں، ان سب کا سررشتہ کسی نہ کسی طرح ان سے ملتا ہے،

دراصل مبالغہ کی حد سے متجاوز ہے۔ سچ یہ ہے کہ 1957 کے بعد سے اب تک جس قدر گمراہیاں مسلمانوں میں پیدا ہوئیں ان سب کا شجرۂ نسب بالواسطہ یا بلاواسطہ سرسید کی ذات تک پہنچتا ہے، وہ اس سرزمین میں تجدد کے امام اول تھے اور پوری قوم کا مزاج بگاڑ کے دنیا سے رخصت ہوئے۔'' (ترجمان القران، شوال 1359ھ بحوالہ مولانا مودودی کے ساتھ میری رفاقت کی سرگزشت اور اب میرا موقف، مولانا منظور نعمانی، ص:92، مطبوعہ الفرقان بک ڈپو، لکھنؤ)

تیسرا دور: 1901-1947

مسلم صحافت کا تیسرا دور 1901 سے شروع ہوکر 1947 میں آزادی اور تقسیم ہند پر ختم ہوتا ہے۔ اس دور کو مسلم صحافت کا سب سے تابناک اور زریں دور کہا جائے تو غلط نہیں ہوگا، اس کے کئی اسباب تھے:

1۔ بیسویں صدی کے آغاز میں انگریزی سرکار کے آمرانہ رویوں سے تنگ آ کر مسلمانوں میں بھی سیاسی حقوق کی بازیافت کی جدوجہد تیز تر ہوگئی۔

2۔ 1857 کے انقلاب کے ساتھ آزادی وطن کی جس تحریک کی ابتدا ہوئی تھی، انیسویں صدی کے آغاز میں وہ تحریک ایک نئے عزم اور حوصلے کے ساتھ پرجوش ہوگئی۔

3۔ 1911 میں انگریزی حکومت کی جانب سے بنگال کی تقسیم کی منسوخی اور 1913 میں مسجد کانپور کی شہادت نے مسلمانوں میں بے بسی اور محرومی کا احساس جگایا، نتیجے میں مسلم قائدین اور صحافیوں نے انگریزوں کے ساتھ مصالحت کی پالیسی کو ترک کرنے کا فیصلہ کرلیا۔

4۔ پہلی جنگ عظیم (1914-1918) میں سلطنت عثمانیہ کو ختم کرنے کی کوششیں جاری تھیں، جس کے نتیجے میں تحریک خلافت شروع ہوگئی۔

5۔ تحریک خلافت کے ساتھ ساتھ تحریک ترک موالات اور تحریک ہجرت بھی جاری تھی اور اس کے ساتھ سانحہ جلیانوالہ باغ بھی ہوچکا تھا، جس نے ملک میں انگریزوں کے خلاف ہیجان برپا کردیا۔

6۔ سلطنت عثمانیہ کے خلاف 1911 میں جنگ طرابلس اور 1912-13 میں جنگ بلقان برپا ہوگئی۔ اس طرح پوری دنیا میں مسلمانوں کے مذہبی، سماجی اور سیاسی مستقبل پر سوالیہ نشان لگا ہوا تھا، جس کو مسلم قائدین اچھی طرح محسوس کرنے لگے۔

ان اسباب کی وجہ سے مسلم صحافت ایک نئے مگر زیادہ بامقصد اور موثر دور میں داخل ہوگئی، جس میں مصلحتوں، مصالحتوں اور خوشامدانہ لہجوں کی گنجائش نہیں تھی۔ اس وقت مسلم صحافت کی جو نئی صورت حال تھی، اس میں جوش، جذبہ، توانائی، بغاوت، مبارزت طلبی، جرأت و بے خوفی تھی۔ مسلم صحافت کی اس نئی طرز کی قیادت مولانا

ظفر علی خان، مولانا محمد علی جوہر اور مولانا ابوالکلام آزاد کر رہے تھے۔

اول الذکر نے 'زمیندار' (1910)، ثانی الذکر نے 'کامریڈ' (1911)، 'ہمدرد' (1912) اور موخر الذکر نے 'الہلال' (1912) کے ذریعے مسلمانوں میں اپنے حقوق کی بازیابی، آزادیِ وطن کی جدوجہد اور مذہبی تحفظات کی جو روح پھونکی، وہ آزادیِ ہند پر جا کر ختم ہوئی۔ ان تینوں نے بقول ڈاکٹر مسکین علی حجازی ''صحافت کو نعرۂ رستاخیز کا رنگ دے دیا۔'' اس جرأت و بے خوفی کی وجہ سے انھیں ناقابل برداشت اذیتوں اور مشکلات کا بھی سامنا رہا، سالہا سال نظر بندی اور قید و بند میں زندگی گزارے، متعدد بار چھاپہ خانے اور ضمانتیں ضبط کی گئیں اور مختلف نوعیت کی سزائیں دی گئیں۔ آخر مسلسل ضمانتوں، ضبطیوں اور نظر بندیوں کے پیش نظر مولانا ظفر علی خان کا 'زمین دار' 1913 میں، مولانا محمد علی جوہر کا 'کامریڈ' 1914 اور 'ہمدرد' 1915 میں اور مولانا آزاد کا 'الہلال' 1914 میں بند ہو گیا۔ کچھ عرصے کے بعد 'ہمدرد' اور 'الہلال' دوبارہ جاری کیے گئے، لیکن پہلا 1927 اور دوسرا 1929 میں پھر بند ہو گیا۔ مذکورہ تینوں شخصیات کی صحافت سے عملی طور پر دستبرداری کے بعد گو کہ مسلم صحافت کا وہ رنگ ڈھنگ نہیں رہا، لیکن ان تینوں نے مسلم صحافت کو جو نیا عنوان اور ولولہ دیا تھا اس نے برصغیر میں مسلم صحافت کو زندہ رہنے کا حوصلہ دے دیا، جس کے سہارے 1947 تک سینکڑوں اخبارات و رسائل نکلتے رہے اور اپنی اپنی سطح پر صحافتی ذمہ داریاں پوری کرتے رہے۔ مسلم صحافت کے اسی دور میں صحافت میں جذبات نگاری کی بنیاد پڑی، عالم اسلام کے مسائل اٹھانے کی وجہ سے برصغیر کے مسلمانوں کا اسلامی دنیا سے ایک نیا رشتہ قائم ہوا، چونکا دینے والی زبان فروغ پائی، صحافت میں تاجرانہ رنگ آیا، ہفت روزہ اخبارات کثرت سے روزناموں میں تبدیل ہوئے، صحافت کا دائرۂ اثر بہت وسیع ہو گیا اور سب سے اہم بات یہ کہ مسلم صحافت عوام کی ترجمان بن گئی، جس کی وجہ سے اخبارات کے سرکولیشن میں بے پناہ اضافہ ہوا اور ان کی تعداد بھی بہت بڑھ گئی۔

مسلم صحافت کے اس انقلابی عہد میں اگر مذہبی صحافت کی بات کی جائے تو بیسویں صدی کے آغاز سے مذہبی صحافت کا باقاعدہ اجرا اور برصغیر کے مختلف خطوں سے اس کی اشاعتوں کا سلسلہ شروع ہوتا ہے۔ اس عرصے میں 1947 تک تقریباً ڈیڑھ سو مذہبی رسائل و جرائد کا سراغ ملتا ہے۔ مسلم صحافت کے اس تیسرے دور میں مولانا آزاد کے 'الہلال' کو اگر مذہبی صحافت کے زمرے میں لایا جائے تو اس کے علاوہ کوئی بھی مجلہ یا رسالہ شہرت اور مقبولیت کی اس بلندی تک نہیں پہنچ سکا جہاں تک 'الہلال' کے رسائی تھی۔ جہاں تک اس دور کی مذہبی صحافت کی افادیت کا تعلق ہے، اس میں کوئی دو رائے نہیں کہ اس ڈیڑھ سو رسائل کی فہرست میں ایسے کئی رسائل اور مجلّات سامنے آئے جو اپنے اپنے حلقوں میں مسلمانوں کی دینی و شرعی رہنمائی کا ذریعہ بنے نیز ان کے ذریعے بالواسطہ اردو زبان کا فروغ بھی ہوا، کیونکہ اس دور میں فارسی زبان عملی طور پر ختم ہو چکی تھی اور جتنے بھی رسائل و جرائد منظر عام پر آ رہے تھے وہ سب کے سب اردو میں تھے۔ ان میں قاضی عبدالوحید فردوسی کا ماہنامہ 'تحفۂ حنفیہ'، پٹنہ (1908) اور مفتی عمر نعیمی کا 'السواد الاعظم'، مراد آباد (1918) خاص طور پر قابل ذکر ہیں۔ اول الذکر نے تحریک

ندوہ کے مسلکی اشتراک واتحاد کی پالیسی کے خلاف اہل سنت و جماعت کی طرف سے بنیادی کردار ادا کیا جب کہ موخرالذکر نے قیام پاکستان کی تحریک میں اپنے مشمولات اور فکر انگیز مضامین کے ذریعے نمایاں حصہ لیا۔لیکن پہلا قاضی عبدالوحید کے انتقال کے بعد اور دوسرا تقسیم ہند کے بعد جاری نہ رہ سکا۔ان کے علاوہ اس دور کے مذہبی رسائل و جرائد میں ہفت روزہ 'الفقیہ'، امرتسر (1918) ماہنامہ 'ترجمان القرآن'، حیدرآباد (1932) ماہنامہ 'معارف'، اعظم گڑھ (1916) اور ہفت روزہ 'پیغام'، کلکتہ (1921) کافی اہم تھے اور اپنے مشمولات اور اثرات کے اعتبار سے تمام معاصر رسائل پر فوقیت رکھتے تھے لیکن جب بات صحافت کے وسیع اثرات کی کی جائے تو اس بات کو بھی ماننا ہوگا کہ اس دور میں کوئی بھی مذہبی مجلہ یا رسالہ وسیع پیمانے پر مسلم معاشرے میں قابل ذکر اثرات قائم نہیں کر سکا۔اس کی بنیادی وجہ 'داخلی عناصر' (جس کی تفصیل ابتدا میں بیان کر دی گئی) کی بے ترتیبی کے ساتھ 'مسلمانوں کی مسلکی تقسیم' بھی تھی۔

برصغیر کی مسلم تاریخ میں محققین کے ذریعے یہ بات تسلیم کر لی گئی ہے کہ مسلمانوں کے درمیان مسلکی فرقہ بندی کی ابتدا شاہ اسماعیل دہلوی (1831-1779) کے ذریعے ہوئی، جب انھوں نے 1240ھ (25-1824) میں 'تقوۃ الایمان' نامی کتاب لکھی۔اس کتاب کی اشاعت سے قبل مسلمانوں میں دو ہی فرقے مشہور تھے، ایک شیعہ اور دوسرا سنی۔اس کتاب کی اشاعت کے بعد مختلف ادوار میں متعدد فرقے وجود میں آئے، جیسے وہابی، اہل حدیث، اہل قرآن، دیوبندی، چکڑالوی، نیچری وغیرہ۔ہر فرقہ اصول اور فروع میں خاص نظریات کا حامی و داعی تھا۔اس طرح مسلمانان ہند مختلف فرقوں اور مسلکوں میں بٹتے چلے گئے۔ظاہر ہے کہ مسلمانوں کی یہ مسلکی تقسیم صرف نظریاتی اور فکری سطح تک محدود نہیں رہی، بلکہ 1857 کے بعد ایک انسٹی ٹیوشن کی شکل میں جتنے مدارس وجود میں آئے، مساجد تعمیر ہوئیں، تنظیمیں اور تحریکیں تشکیل پائیں، کتابیں لکھی گئیں ان سب پر مسلکی رنگ غالب رہا، کیونکہ ہر سطح اور ہر محاذ سے اپنے اپنے مسلک کی تبلیغ اور دفاع کی کوششیں کی جارہی تھیں۔اس ماحول میں جب مذہبی صحافت کی ابتدا ہوئی تو مسلکی تقسیم کا اثر اس پر بھی پڑا۔کسی بھی مسلک کے صحیح یا غلط اور اس کے حق تبلیغ و دفاع کی بحث سے قطع نظر اس دور کے تمام مذہبی رسائل اپنے اپنے مسلک کی نمائندگی کر رہے تھے، اس لیے ان میں سے کوئی ایک بھی امت کا رسالہ نہیں بن سکا۔مذہبی صحافت کی یہ مسلکی تقسیم اس کی عام مقبولیت، توسیع اور اثرات میں رکاوٹ بن گئی، اس لیے کہ ہر پرچہ اپنے خاص مسلکی نظریات کے ساتھ صرف اپنے ہی حلقے میں پڑھا جارہا تھا۔یہ بات بالکل قطعی ہے کہ ہر چیز کے کچھ اپنے تقاضے اور اصول ہوتے ہیں، جن کی پاسداری ضروری ہوتی ہے۔صحافت کے بھی اپنے تقاضے اور اصول ہیں، جس کو حد سے زیادہ نظریاتی تسلط، تقسیم، ادعائیت، موضوعیت اور جانب داریت راس نہیں آتی۔

چوتھا دور: (1948 تا حال)

منقسم اور آزاد ہندوستان میں مسلم صحافت کا چوتھا اور آخری دور 1948 سے شروع ہوا اور آج تک جاری ہے۔ حالانکہ اکیسویں صدی کے آغاز سے سائنسی ایجادات اور ترقیات کے سہارے صحافت وسیع اور موثر ترین ہو کر ایک نئے دور میں داخل ہوگئی ہے۔ اب کسی بھی جمہوری ملک کی تنظیم و تعمیر میں صحافت کو عدالت، پارلیمنٹ اور انتظامیہ کے ساتھ چوتھے ستون کی حیثیت سے تسلیم کرلیا گیا ہے۔ یعنی ایک جمہوری ملک میں صحافت کو وہی حیثیت حاصل ہے جو عدالت، پارلیمنٹ اور انتظامیہ کو ہے، لیکن ذرائع ابلاغ کی اس نئی صورت حال کو بہت دن نہیں گزرے ہیں، اس لیے مسلم صحافت کے پانچویں دور کی حیثیت سے اس مختصر عہد کا مستقل جائزہ قبل از وقت ہوگا۔

ہندوستان کی آزادی اور تقسیم کے بعد مسلم صحافت اپنے چوتھے دور میں بہت زیادہ ترقی نہیں کرسکی، بلکہ اکیسویں صدی کے اختتام تک تدریجاً نہایت محدود ہوگئی۔ اس کی متعدد وجوہات ہیں:

1۔ 1947 میں تقسیم ہند کے بعد پاکستان وجود میں آیا اور مسلمانوں کی ایک بڑی تعداد ہجرت کر کے وہاں چلی گئی۔ اس تقسیم اور ہجرت کے نتیجے میں موجودہ ہندوستان کے مسلمان عددی طور پر اقلیت میں آ گئے۔

2۔ مغلیہ سلطنت کے خاتمے کے بعد مسلمانوں پر جو سیاسی، معاشی اور تعلیمی زوال آیا، اسے ہر دور کی سیاست اور مسلمانوں کی داخلی کمزوریوں نے کبھی ختم ہونے کا موقع نہیں دیا۔ تقسیم ہند کے بعد مسلمانوں کی صورت حال اور بھی ابتر ہوگئی، جس کا بالواسطہ اثر مسلم صحافت پر بھی پڑا۔

3۔ تقسیم ہند سے پہلے متحدہ ہندوستان کی زبان اردو تھی، انگریزی سرکار کی عنایتوں سے جب ہندو مسلم کشمکش کا آغاز ہوا تو لسانی تعصّبات کا دور شروع ہوا۔ پہلے فارسی کو ختم کر کے اردو کو فروغ دینے کی کوشش کی گئی، جب اردو فروغ پا گئی تو حکومت کے تعاون سے ہندی اور دوسری مقامی زبانوں کو ترجیح دی جانے لگی، کیوں کہ اردو مسلمانوں کی علمی، ادبی، ثقافتی اور صحافتی زبان بن گئی تھی، جب کہ ہندو اردو سے دھیرے دھیرے کنارہ کش ہو کر ہندی اور دوسری مقامی زبانوں کے فروغ کی کوششیں کر رہے تھے۔ اس لیے آزادی سے قبل ہندو تو اردو کے ساتھ دوسری زبانوں میں بھی اخبارات نکال رہے تھے، لیکن مسلمانوں کی صحافتی سرگرمیاں صرف اردو میں تھیں۔ اس صورت حال کا اثر یہ ہوا کہ اردو کو مسلمانوں کی زبان بنا دیا گیا اور تقسیم ہند کے بعد ہندوستان کی قومی زبان ہندی قرار دے دی گئی۔ گویا مسلمانوں سے اچانک قوت گویائی چھین لی گئی اور انھیں گونگا بنا دیا گیا، کیوں کہ وہ اردو کے علاوہ کسی اور زبان سے آشنا نہیں تھے۔

4۔ تقسیم ہند کے بعد غیر مسلم حکومتوں کی تعلیمی وزارت کی زیر نگرانی ابتدائی درجات سے اعلیٰ درجات تک جو تعلیمی نصاب ترتیب دیا گیا، اس میں اردو کے لیے کوئی جگہ نہیں تھی۔ اس لیے 1947 کے بعد جو نسلیں پڑھ

کر نکلیں وہ عمومی طور پر اردو سے نابلد ہوتی گئیں اور اگر مسلمانوں کی اپنی کوششوں اور حکومتوں کی ووٹ بینک پالیسی کے تحت اردو میڈیم اسکول و کالج قائم بھی ہوئے تو ان کا نظام و نصاب اتنا کمزور تھا کہ وہاں سے نکلنے کے بعد معاشی خوشحالی کا تصور نہیں کیا جا سکتا تھا، اب بھی یہی صورت حال ہے، اس لیے مسلمان بھی اپنے بچوں کو عموماً اردو میڈیم سے تعلیم نہیں دلواتے۔ اس طرح موجودہ ہندوستان میں اردو معاشیات کی زبان نہ رہ کر صرف ادب کی زبان رہ گئی۔ اس کا اثر یہ ہوا کہ مسلمانوں کی نئی نسلیں بھی اردو سے ناواقف ہوگئیں۔ 1947 کے بعد مسلم صحافت کا ذریعہ اظہار چونکہ اردو ہی رہا، جس کے قارئین مسلمانوں میں بھی رفتہ رفتہ کم ہوتے چلے گئے۔ جو ہیں ان کا تعلق یا تو مذہبی حلقے سے ہے یا پھر اردو پسند حلقے سے۔

5۔ 1947 کے بعد مسلم صحافت پر ملک کی نئی سیاسی و سماجی صورت حال اور نئے ماحول و مزاج کا کوئی اثر نہیں ہوا، وہ آزادی وطن سے پہلے جس طرح اردو میں تھی، آزادی کے بعد بھی (اردو کے اجنبی ماحول میں) بدستور اردو میں ہی رہی۔ مسلمانوں نے اپنی صحافت کو موثر اور مستحکم کرنے کے لیے نہ اس وقت دوسری زبانوں کا سہارا لیا اور نہ اب برقی صحافت کے موجودہ دور میں اپنی آواز اور مسائل کو حکومت اور عوام تک وسیع پیمانے پر پہنچانے کے لیے وہ اس طرف متوجہ ہیں۔ موجودہ ہندوستان میں مسلمانوں کے پاس نہ اپنا کوئی چینل ہے نہ انگریزی اور ہندی میں کوئی موثر اور کثیر الاشاعت اخبار۔ تعلیم کی کمی نے ان کی فکر کو اپنے روشن مستقبل سے بے نیاز کر رکھا ہے۔ دوسروں کے سہارے اپنی زندگی گزارتے گزارتے انھوں نے اپنی خودداری، عزت نفس اور قوت ارادی کو گروی رکھ دیا ہے۔

6۔ 1947 کے بعد جتنی بھی حکومتیں آئیں، انھوں نے مسلم صحافت یعنی اردو اخبارات کو عمداً نظر انداز کیا اور حکومتی سطح پر جس طرح کی مراعات اور سہولتیں دوسری زبانوں کی صحافت کو ملتی رہیں وہ مسلم صحافت کو نہیں مل سکی۔ اس صورت حال سے آج بھی مسلم صحافت دوچار ہے۔

ان تمام اسباب و وجوہات کی بنیاد پر مسلم صحافت کی محدودیت کے باوجود کچھ اخبارات نے قومی اور ملی سطح پر نمایاں رول ادا کیا۔ ان میں روزنامہ 'قومی آواز' دہلی و لکھنؤ، 'آزاد ہند' کلکتہ، 'انقلاب' ممبئی، 'سیاست' حیدر آباد، 'منصف' حیدرآباد، 'اخبار مشرق' کلکتہ اور 'اردو ٹائمز' ممبئی قابل ذکر ہیں، لیکن یہ تمام اخبارات جہاں جہاں سے نکل رہے تھے، ان ہی علاقوں اثر انداز تھے، 'قومی آواز' کے علاوہ آج بھی یہ تمام اخبارات نکل رہے ہیں اور اپنے اپنے علاقوں میں مسلمانوں کی اردو ریڈرشپ کے درمیان بہت مقبول اور اثر انداز ہیں۔ ان کے درمیان 1970 اور 1980 کے دہے میں دو ایسے بھی اخبارات سامنے آئے جو اپنے اثرات اور ریڈرشپ کے اعتبار سے مذکورہ تمام اخباروں پر فوقیت لے گئے۔ ایک 'نئی دنیا' اور دوسرا 'اخبار نو'۔ اس کے تین اہم اسباب تھے: ایک تو یہ کہ یہ دونوں اخبارات ہفت روزہ تھے، جس کی وجہ سے پورے ملک میں پہنچتے تھے۔ دوسرا ان اخبارات میں مسلم مسائل کا تجزیہ اور ان پر تبصرہ خاص زاویے سے کیا جاتا تھا، جن میں وقتی جذباتیت، جوش و ولولہ، احتجاج اور

مظلومیت کا غلبہ رہتا تھا، تیسرا یہ کہ 1980 اور 1990 کے دہے میں مسلمانوں کے ایسے سیاسی اور سماجی مسائل سامنے آئے جن میں انھیں محسوس ہوا کہ ان کے مذہبی، سیاسی اور سماجی تشخصات اور وجود کو مٹانے کی کوششیں کی جارہی ہیں، وہ تھے، بابری مسجد کے تحفظ کا مسئلہ، شاہ بانو کیس میں مسلم پرسنل لاء کا تحفظ اور ہندو فرقہ واریت۔ اس عہد میں ان دونوں اخبارات نے آزاد ہندوستان میں مسلم صحافت کی تاریخ میں مقبولیت اور اثرات کا نیا ریکارڈ قائم کیا۔ لیکن مذکورہ مسائل جیسے جیسے سرد پڑتے گئے، مسلمانوں میں سیاسی اور فکری شعور بالغ ہوتا گیا اور اکیسویں صدی کے اختتام کے ساتھ ذرائع ابلاغ ایک نئے دور میں داخل ہوئی، 'اخبار نو' اور 'نئی دنیا' کی مقبولیت اور اثرات کا دائرہ سمٹتا چلا گیا۔

جہاں تک روزناموں کی بات ہے تو اکیسویں صدی کے آغاز سے مذکورہ روزناموں نے انگریزی اور ہندی اخبارات کی طرز پر اپنے مشمولات کو زیادہ بامعنی اور چہروں کو رنگین بنالیا، لیکن یہ تبدیلیاں (اردو زبان کے انحطاط کی وجہ سے) ان کی مقبولیت میں بہت زیادہ اضافے کا باعث نہیں بن سکیں۔ اکیسویں صدی کے آغاز سے مسلم صحافت کے افق پر چند مزید روزناموں کا اضافہ بھی ہوا، تاہم ان کے سرکولیشن اور اثرات حوصلہ افزا نہیں ہیں۔ ان نئے اخبارات میں روزنامہ 'راشٹریہ سہارا' دہلی استثنائی حیثیت کا حامل ہے، جو آزاد ہندوستان میں اپنی وسیع اشاعت، ملٹی ایڈیشنز اور مقبولیت کے اعتبار سے پہلا اخبار بن گیا ہے۔ حالانکہ یہ اخبار غیر مسلم کمپنی کی ملکیت میں ہے، لیکن مسلم صحافیوں کی زیر ادارت یہ مختلف شہروں سے اپنی تمام اشاعتوں میں جس طرح مسلمانوں کی حمایت و حق میں آواز بلند کرتا رہا ہے، محض مسلمانوں کی ملکیت نہ ہونے کی وجہ سے اسے مسلم صحافت کے زمرے سے خارج نہیں کیا جاسکتا، بلکہ ملک گیر سطح پر اسے مسلمانوں کی آواز حق کا بڑا آرگن کہا جائے تو غلط نہ ہوگا۔

1947 کے بعد مسلم صحافت کے اس آخری دور میں اگر مذہبی صحافت کی بات کی جائے تو اس کی اشاعت و اثرات کو دیکھ کر بہت خوشی نہیں ہوتی۔ 1947 سے قبل مذہبی صحافت کی جو داخلی اور خارجی صورت حال تھی، وہ 1947 کے بعد مزید بگڑتی چلی گئی اور جو اہم مذہبی رسائل و جرائد تھے، وہ یا تو بند ہو گئے یا پھر تقسیم کے بعد پاکستان منتقل ہو گئے۔ وقت گزرنے کے ساتھ برصغیر کے مذہبی کینوس پر مسلکی تقسیم کا رنگ جب مزید گہرا ہوا تو مذہبی صحافت کا دائرۂ اثر بھی بہت محدود ہوتا چلا گیا۔ اب ہمیں اگر مذہبی صحافت کی اشاعت، اثرات اور مشمولات کا جائزہ لینا ہو تو انھیں مسلکی خانوں میں تقسیم کر کے ہی لیا جاسکتا ہے۔ 1947 کے بعد کی یہ تمام صورت حال کے باوجود اگر مذہبی صحافیوں نے اس کے داخلی عناصر پر توجہ دی ہوتی تو آج مذہبی صحافت کا رنگ ہی الگ ہوتا، کیوں کہ بقول شخصے دنیا میں دو ہی چیزیں قابل فروخت ہیں، ایک جنسیات اور دوسری مذہبیات۔ دراصل انسان مجموعہ ہے جسم اور روح کا۔ اس کی جسمانی طلب کی انتہا اگر جنسی لذتوں کا حصول ہے تو روحانی تسکین کا ذریعہ مذہب۔ اس لیے مذہبی صحافت سے عوام کی عدم دلچسپی، اس کی محدود اشاعت، مختصر زندگی اور بے ثمری کا ٹھیکرا عوام اور صحافت کے 'مذہبی عنوان' کے سر پھوڑنے کی بجائے اپنے رویوں پر غور کرنا چاہیے۔ اپنا محاسبہ انھیں یہ احساس ضرور

دلائے گا کہ ہائی ٹیک ذرائع ابلاغ کی موجودہ صدی میں مذہبی رسائل کی پیش کش کا طریق کار کتنا پرانا ہے۔ سائنسی انقلاب کے ذریعے مادیت اور صارفیت کا جو سیلاب آیا ہے وہ مذہب، روحانیت اور انسانیت کو نگلنے کے لیے بے تاب ہے، جس سے معاشرے میں بے شمار جدید مسائل پیدا ہو گئے ہیں۔ ان جدید مسائل سے منھ پھیر کر مذہبی صحافت کے لیے جن موضوعات کا انتخاب کیا جا رہا ہے، وہ کتنا غیر مفید اور بے فیض ہے۔ موجودہ صدی میں صحافت کو موثر ترین بنانے کے لیے ترسیل کی زبان کو دلچسپ، معروضی اور عام فہم بنانے کی کوشش تیز تر ہوتی جا رہی ہے، جب کہ مذہبی صحافت کا اسلوب کتنا پیچیدہ اور فہم سے بالاتر ہے۔ مسلمانوں کی معاشی، تعلیمی اور سماجی مسائل پر توجہ مرکوز کرنے کی بجائے دور جاہلیت کے قبائل کی طرح فروعی مسائل پر طویل جنگ وجدال ان پر مستزاد۔

مذہبی صحافت کے مذکورہ تمام مسائل کے ساتھ مسلمانوں کے مختلف مکاتب فکر میں کچھ رسائل ایسے بھی نکلے جو معاصر مذہبی رسائل میں اپنی تحریری، فکری اور علمی انفرادیت کی وجہ سے اپنے اپنے حلقوں میں مقبول ہوئے۔ ان میں اہل سنت و جماعت کا پندرہ روزہ 'جام کوثر' کلکتہ، ماہنامہ 'جام نور' کلکتہ، ماہنامہ 'پاسبان' الٰہ آباد اور ان کے بعد ماہنامہ 'حجاز جدید' دہلی (1988) قابل ذکر ہیں۔ اول الذکر دونوں رسائل علامہ ارشد القادری (1925-2002) کی زیر ادارت 61-1960 میں نکلے اور تین چار سالوں میں بند ہو گئے۔ اپنے مختصر عہد میں یہ دونوں رسائل اپنے مدیر کے اسلوب تحریر اور انداز فکر کی وجہ سے بے حد مقبول ہوئے۔ اسی طرح دیوبندی مکتب فکر کا 'الجمعیۃ' دہلی اور ماہنامہ 'تجلی' دیوبند۔ جماعت اسلامی کا سہ روزہ 'دعوت' دہلی اور مولانا وحید الدین خان کا 'الرسالہ' دہلی مذہبی معاصر رسائل واخبارات میں نمایاں رہے۔

اس میں کوئی دو رائے نہیں کہ صحافت خواہ وہ سیاسی ہو، ملی یا مذہبی، اپنے آپ میں کشش اور اثر اندازی کی صلاحیت رکھتی ہے۔ اس کے ذریعے وسیع پیمانے پر ذہن سازی، فکری تعمیر و ترقی، دعوت و تبلیغ اور اصلاحات کا ناقابل تنسیخ نقش معاشرے میں قائم کیا جا سکتا ہے۔ شرط یہ ہے کہ صحافت کو جبری اصول و نظام کی بجائے اس کے اپنے اصول اور تقاضوں کے تحت چلایا جائے۔

[بشکریہ 'khwajaekram.com'، 2 نومبر 2010]

ہندوستان میں معاصر اردو صحافت

اطہر فاروقی

معاصر ہندستان میں اردو صحافت کے تجزیے پر مبنی مئی 1993 میں تحریر کردہ طویل انگریزی مضمون کی موجودہ اردو تلخیص کی مہلت مصنف کو بہ مشکل تمام 2008 میں میسر آسکی۔ مضمون کے اصل متن کا تقریباً نصف حصہ ہنوز انگریزی میں بھی شائع نہیں ہوا ہے اور موجودہ اردو ترجمہ اسی بریدہ انگریزی متن پر مشتمل ہے جو South Asian Studies Association کے سہ ماہی ترجمان South Asia (Australia) کے دسمبر 1995 کے شمارے میں شائع ہوا تھا۔ جن حضرات کو اس موضوع سے دل چسپی ہو وہ روبن جیفرے (Robin Jaffrey) کا مضمون *Urdu Waiting for a Citizen Kane* مطبوعہ EPW مورخہ: 29 مارچ 1997 ملاحظہ کر سکتے ہیں۔ روبن جیفرے کے تجزیے کی بنیادی دلیل یوں کمزور ہے کیوں کہ انھوں نے اپنا تجزیہ Registrar Newspapers of India (R.N.I.) کی فراہم کی ہوئی تعدادِ اشاعت کی بنیاد پر کیا جو بیش تر صورتوں میں متجاوز ہوتی ہے۔ RNI اخباروں کے مالکان کی بتائی ہوئی تعدادِ اشاعت کو بیش تر صورتوں میں مستند تسلیم کر لیتی ہے۔ RNI کی فراہم کردہ تفصیلات کے غلط اور غیر مستند ہونے کے بارے میں خود روبن جیفرے کا بیان اور اردو صحافت پر ان کا تجزیہ انھی کے گذشتہ مضمون میں دیگر متعلقہ تفصیلات کے ساتھ Vidura کے جنوری، فروری 1988 کے شمارے میں *The Mystery of the Urdu Dailies* کے عنوان سے ملاحظہ کیا جا سکتا ہے۔

تقسیم ملک کے بعد ہی اردو مسلمانوں تک محدود ہونا شروع ہو گئی تھی اور اب تو یہ مکمل طور پر مسلمانوں

کی زبان بن کر رہ گئی ہے۔ ایک طرف تو آزادی کے بعد اردو کے تئیں ہر حکومت کا رویہ منافقانہ اور منظّم بیخ کنی کا رہا، دوسری طرف حکومت کی تمام تر سر پرستی ہندی کی طرف منتقل ہوگئی۔ فسطائی ہندی قوتوں نے ہندو اکثریت کے زعم اور شمالی ہند میں سیاسی برتری کی بنیاد پر ہندی کے حق میں جو چاہا وہ کرا تو لیا مگر ان کے اس طرزِ عمل نے ہندستان کی سالمیت کے لیے خطرات بھی پیدا کر دیے۔ جنوبی ہند میں فسطائی ہندی قوتوں کی اس حرکت کا شدید ردِّعمل بڑی تعداد میں خود سوزی اور آئین کی جلدیں تک نذرِ آتش کرنے کی احتجاجی شکل میں سامنے آیا۔ ایوانِ حکومت میں برسرِ اقتدار شمالی ہند کے ہندی نواز رہ نماؤں کی سیاسی ہندی نوازی نے علاقائی نفرت اور تعصب کے فروغ کے ساتھ ہی دیگر ہندستانی زبانوں کی ترقی کی راہیں ہی مسدود نہیں کیں بلکہ پورے ملک پر انگریزی کی کبھی ختم نہ ہونے والی یلغار کے تسلسل کی راہ بھی ہموار کر دی۔ اردو کو چھوڑ کر شمالی ہند کی وہ دیگر زبانیں جن کی ساخت علاقائی تو ہے مگر ان کے پاس ادب کی نہ صرف مہتم بالشان روایت موجود ہے، انھیں ہندی میں ضم کرنے کی کوششیں سرکاری سرپرستی میں ہوئیں۔ ہندی نے ایک طرف تو اُن علاقائی زبانوں کے تشخص کو ختم کرنے کی کوشش میں اپنی کافی توانائی گنوائی اور دوسری طرف اسے انگریزی سے نبرد آزما ہونا پڑا۔ نتیجتاً وہی ہوا جو منطقی طور پر ہونا چاہیے تھا: ہندی کی سرکاری حیثیت کا شور و غوغا تو بہت ہے مگر ملک پر عملاً اجارہ داری انگریزی ہی کی ہے اور انگریزی کے تسلّط کا کوئی تریاق ہندی کے کسی حکیم کے پاس نہیں۔ ہندوستان میں انگریزی کا مقابلہ تمام ہندوستانی زبانیں مشترکہ طور پر تو کر سکتی تھیں مگر ہندی والوں کے فسطائی رویے کے سبب وہ سب تو ہندی کی حریف ٹھہریں۔ یوں نہ تو ماضی میں انگریزی کے تسلّط کے استرداد کی کوئی عملی کوشش ممکن ہو سکی اور نہ مستقبل میں ایسا ہونے کے آثار ہیں۔ ہندستان کی قومی لسانی پالیسی (جس کا مقصد شمالی ہند کی تمام علاقائی زبانوں کے تشخص کو ختم کر کے انھیں ہندی کی ایک شکل قرار دینا اور پھر اس مفروضہ ہندی کو ہندو تہذیب و تشخص کی اس علامت کا پرچم بردار بنانا تھا جو شمالی ہند کی برہمن لابی کی سیاسی مقصد برآری میں معاون ہو سکے) سے ہندی کا ہی نقصان سب سے زیادہ ہوا۔ فسطائی ہندی قوتوں کے اس رویے کے سبب جہاں تک اردو کے نقصان کا تعلق ہے تو وہ آزاد ہندستان میں بہت زیادہ نہیں ہوا کیوں کہ تقسیم کے نتیجے میں اردو پستی کی جس سطح پر پہنچ چکی تھی اس کے بعد زوال کی کوئی منزل باقی ہی نہیں تھی۔

جب اردو عملاً مسلمانوں کی زبان بنا دی گئی اور اُسے تقسیم کے ناکردہ جرم کی ذمّے دار قرار دے کر اربابِ اقتدار خصوصاً شمالی ہند میں اعلاذات کے ہندوؤں کی سیاسی لابی نے گردن زدنی قرار دے دیا تو پھر اردو صحافت کا حال بھی وہی ہونا تھا جو اردو زبان کا پہلے ہی ہو چکا تھا۔ تقسیم کے بعد سے آج تک ہندستان کا اردو پریس مسلم پریس ہی کا کردار ادا کر رہا ہے یوں اس کا مقدر معلوم۔

یہ مقالہ معاصر ہندستان میں اردو صحافت کو درپیش مختلف مسائل کے تجزیے کی سعی پر مبنی ہے۔ اِس

تجزیے کے ذریعے میرا مقصد دراصل اس سوال سے بحث کرنا ہے کہ آیا اردو صحافت نے آزادی کے بعد ہندوستان میں مسلمانوں کی زبان کی حیثیت سے متوقع کردار ادا کیا؟ اور ہندوستان کے سیکولر تناظر میں مسلمان ایک بڑی مذہبی اقلیت کی حیثیت سے جن مسائل سے نبرد آزما رہے ان مسائل کے سیاق و سباق میں اردو صحافت نے اپنی ذمے داری نباہی یا نہیں؟

میرے تجزیے کی رو سے اردو صحافت ان توقعات کی تکمیل میں پوری طرح ناکام رہی ہے جو اس سے فطری طور پر وابستہ کر لی گئی تھیں مگر مکمل طور پر منفی بلکہ تخریب کارانہ کردار ادا کرنے کے باوجود اردو صحافت سے مسلمانوں کا مکمل طور پر ازالۂ التباس ہنوز نہیں ہوا ہے۔ ظاہر ہے اس کی وجہ ان کی تعلیمی اور اقتصادی حالت ہے۔ شمالی ہند میں سیکولر اردو تعلیم کا منتشر شیرازہ اور نتیجے میں اردو قارئین کی سمٹتی ہوئی تعداد معاصر اردو صحافت کی پست معیاری اور اس کے زوال کے نمایاں اسباب ہیں۔

بے شمار حساس موقعوں پر اردو صحافت نے اپنے قارئین کے درمیان تعصب کو ہوا دینے اور جذبات کو برانگیختہ کرنے کے سوا اور کوئی کام کیا ہی نہیں۔ یہی نہیں بلکہ اردو صحافت نے مسلم معاشرے کے سامنے قطعاً فروعی مسائل کو غیر ضروری انداز میں نمایاں کر کے مسلمانوں کی توانائی ضائع کرنے کا جرم نہ صرف پوری دریدہ دہنی سے کیا بلکہ معاشرتی زندگی کی زمینی حقیقتوں کو بھی پوری طرح نظر انداز کیا۔

ہندوستان کی تقسیم اور آزادی کے حصول کے بعد ہندی کو ملنے والی سرکاری پشت پناہی سے اردو براہِ راست متاثر ہوئی۔ تبدیل شدہ سیاسی حالات میں اردو داں اشرافیہ نے اردو کے احیا اور فروغ کے نام پر جس تحریک کا بھی آغاز کیا دراصل اس کا مقصد مسلم تہذیبی شناخت کے مسئلے کو نمایاں کر کے اپنی سیاسی دکان داری کو چمکانا تھا۔ داخلی طور پر پہلے سے منتشر مسلم معاشرے کو ایک متحدہ جماعت کے طور پر نمایاں کرنے کی مسلم اشرافیہ کی سیاسی مجبوری مختلف مواقع پر اردو تحریک کی بنیاد بنی اور اس طرح کی تمام تحریکوں کا فائدہ ان سرکاری مسلمانوں کو ہوا جو کانگریس کے شو بوائے (Show Boy) تھے۔ ایسے مسلم شو بوائے رکھنا کانگریس کی مجبوری اس لیے بھی تھی کہ وہ واقعتاً مسلمانوں کی فلاح کا کوئی سنجیدہ کام نہیں کرنا چاہتی تھی۔ میرا خیال یہ بھی ہے کہ آزادی کے بعد اردو کے احیا اور فروغ کے نام پر شروع ہونے والی تمام تحریکوں کے پسِ پشت صرف کانگریس کے سیاسی عزائم کارفرما تھے اور اردو تحریکوں کے قائد کانگریس ہی کی کٹھ پتلی تھے۔ اردو قائدین اپنی حیثیت سے بے خبر نہ تھے اور انھوں نے اپنی وفاداری کی بھرپور قیمت کانگریس سے وصول بھی کی۔

اگر اردو روزناموں کو چھوڑ دیں تو دلّی اردو کے ہفت روزہ اخبارات کا ان معنوں میں مرکز ہے کہ اب اور کہیں سے کوئی قابلِ ذکر ہفت روزہ شائع نہیں ہوتا۔ دہلی سے شائع ہونے والے ہفت روزہ اخبارات کا کردار بے حد محدود اور شمالی ہند کی مسلم لیڈر شپ اور خصوصاً دلّی اور شمالی ہند میں مذہب کے نام پر سیاست کرنے والی جماعتوں کے کردار کا آئینہ ہے۔ مرحوم بلٹز (ممبئی، تعدادِ اشاعت 29432) ایسا واحد ہفت روزہ تھا جس کا مرکز

ہندوستان میں معاصر اردو صحافت

اشاعت شمالی ہند کے کسی شہر میں ہونے کی بجائے بمبئی ہونے کے سبب اس کا دائرہ نسبتاً وسیع تھا۔

تقسیم کے بعد ہمیشہ ہی نام نہاد قومی سطح کی مسلم سیاست پر شمالی ہند کی مسلم لیڈرشپ کی اِجارہ داری رہی ہے اور دہلی کے اردو اخبارات نے اسی لیڈرشپ کے موئدین بنے رہنے میں عافیت سمجھی۔ بابری مسجد کے انہدام کے بعد چند برسوں کے لیے مسلمانوں کی سیاسی فکر میں رونما ہونے والی تبدیلی تو واقعتاً ایک حباب کی طرح تھی کیوں کہ ہندی مسلمان سیاسی معاملات میں اپنے ماضی سے سبق لینے کا اہل ہنوز نہیں ہوا۔

جہاں تک اردو کا تعلق ہے تو سیاسی حالات کے تابع سب سے بڑی مذہبی اقلیت کی زبان کے طور پر اس کا کردار 1971 کے بعد ایک مذہبی اور ملک گیر زبان کے طور پر مستقل توسیع پذیر رہا ہے شاید اسی لیے آج جنوبی ہند اور مغربی بنگال کے وہ مسلمان بھی اردو کو اپنی زبان کہہ رہے ہیں اور اسے اپنے مذہبی تشخص کے جزوِ لاینفک کے طور پر تسلیم بھی کر رہے ہیں، اردو جن کی زبان کبھی نہیں تھی اور ماضی میں ذہنی وتہذیبی طور پر ان کا شمالی ہند کے مسلمانوں سے بہت دور کا رشتہ تھا۔ تہذیبی طور پر شمالی ہند خصوصاً یوپی کا مسلمان ہمیشہ ہی خود کو تمام ہندستان سے مختلف اور افضل تصور کرتے ہوئے شدید قسم کے احساس برتری کا شکار رہا ہے اور یہی احساس برتری شمال وجنوب کے درمیان تہذیبی فاصلے کی شکل میں قیامِ پاکستان کی تحریک میں ایک فیصلہ کن سیاسی عنصر کے طور پر اس طرح مانع ہوا کہ قیامِ پاکستان کی تحریک جنوب کے چند شہروں تک محدود ہو کر رہ گئی اور اُن چند بڑے شہروں سے بھی پاکستان منتقلی کا تناسب بہت کم رہا۔ مسلم لیگ پر شمالی ہند کے مسلمانوں خصوصاً اشراف اور متوسط طبقے کے تسلط کے سبب ہی پاکستان کے قیام کے فوراً بعد وہاں متعدد قسم کے لسانی اور تہذیبی تنازعات نے سر اٹھانا شروع کر دیا تھا جو روز بروز پیچیدہ تر صورتِ حال اختیار کرتے گئے۔ بنگلہ دیش کا قیام اور 1990 میں مہاجر قومی موومنٹ (ایم کیوایم) کی سندھ کے مہاجر اکثریتی شہری علاقوں میں غیر معمولی مقبولیت اور مہاجر سیاست پر ہنوز (ایم کیوایم) کی مضبوط گرفت اس کے واضح ثبوت ہیں۔

اس مقالے میں ہندستان کی معاصر اردو صحافت کے کردار کا تجزیہ مذکورۂ بالا تناظر میں کرنے کی سعی تو کی گئی ہے لیکن اس تجزیے میں صرف ان اردو اخبارات کو شامل کیا گیا ہے جن کا مسلمانوں کی زندگی میں کوئی رول ہے یا تھا۔ ان میں سے بیش تر کا کردار منفی ہے۔ مسلمانوں کو خوش کرنے کے لیے حکومت کی طرف سے اردو اخبارات کو جو مراعات دی جاتی ہیں ان کا فائدہ دہلی میں تو بیش تر ایسے ہی لوگ اٹھا رہے ہیں جن کے مزاج کو صحافت سے کوئی علاقہ نہیں۔ یہ لوگ کسی اردو اخبار کا رجسٹریشن کرا کر اس کی صرف فائل کاپیاں شائع کرتے ہیں اور جھوٹی تعدادِ اشاعت ہزاروں میں دکھا کر سرکاری اشتہارات اور حکومت کی طرف سے دی جانے والی دیگر سہولیات حاصل کر لیتے ہیں۔ حقیقت تو یہ ہے کہ اب دہلی کی اردو صحافت بلیک میلنگ کا استعارہ بن کر رہ گئی ہے۔ دہلی کے اردو اخبارات کے مالکان نہ صرف سیاسی جماعتوں، عوامی شخصیات اور صنعتی اداروں کو بلیک میل کرتے ہیں

بلکہ اب تو ان کی اکثریت لینڈ مافیا اور انڈر ورلڈ سے گہرے ربط وضبط اور اس کے ساتھ کاروباری معاملات رکھنے والی بھی ہے۔

وزیر اطلاعات ونشریات نے راجیہ سبھا کے ایک سابق رکن جناب م۔ افضل کے ایک سوال کے جواب میں (15 دسمبر 1992 کو سوال نمبر 3294 کے حوالے سے) بتایا تھا کہ 92-1991 کے دوران 374 اردو اخبارات ورسائل کے رجسٹریشن کی تجدید کی گئی اور انھیں سرکاری اشتہارات (DAVP) بھی جاری کیے گئے جب کہ 30 نومبر 1992 کو نیا رجسٹریشن حاصل کرنے کی غرض سے 244 اردو اخبارات ورسائل کی درخواستیں زیرِ غور تھیں۔ ان 374 اخبارات ورسائل میں بہ مشکل 74 ایسے ہوں گے جو واقعی عوام کے ہاتھوں میں پہنچتے ہوں کیوں کہ ان میں سے اکثر تو صرف سرکاری خانہ پُری کی غرض سے فائل کاپیاں شائع کرتے ہیں اور مختلف نوعیت کی سرکاری مراعات حاصل کرنے کے لیے اپنی غلط تعدادِ اشاعت ہزاروں میں درج کرا دیتے ہیں۔ میرے خیال کی تصدیق اس امر سے بھی ہوتی ہے کہ مقبولِ عام اور مسلم عوام پر اپنا (منفی) اثر رکھنے والے اور صرف سرکاری خانہ پوری کے لیے فائل کاپیاں شائع کرنے والے اخبارات ورسائل کی تعداد اشاعت میں (کاغذ پر) بہت زیادہ فرق نہیں۔

جہاں تک ہندوستان کی مسلم سیاست کے عمومی مزاج کا تعلق ہے تو آج بھی اس کا ڈھرّا ماضی سے مختلف نہیں ہے۔ مسلم پرسنل لا اور بابری مسجد ہر دو تحریکوں پر شمالی ہند کی لیڈر شپ کی گرفت سخت رہی۔ بابری مسجد کی ہیجان انگیز تحریک کو مسلم عوام کی حمایت حاصل ہو جانے کے سبب مسلم لیڈر شپ نے یہ فرض کر لیا کہ شمالی ہند کی مسلم لیڈر شپ جنوبی ہند کے مسلمانوں میں بھی مقبولیت اور تائید حاصل کر رہی ہے اور اس مفروضے کی تشہیر دہلی کے اردو ہفت روزہ اخبارات نے پوری قوت کے ساتھ کی مگر 1991 کے انتخابات میں سید شہاب الدین کی بنگلور سے کراری شکست نے شمالی ہند کی مسلم لیڈر شپ کو اس کی اوقات بتا دی تھی۔ بلا شبہ بابری مسجد اور مسلم پرسنل لا تحریکوں کے انداز اور مقاصد محمد علی جناح کی مسلم لیگ جیسے ہی ناعاقبت اندیشانہ اور لیڈر شپ کے ذاتی مفادات کے تابع تھے مگر اِسے ہندستانی مسلمانوں کی خوش بختی کہا جا سکتا ہے کہ پرسنل لا بورڈ اور بابری مسجد تحریک کے قائدین میں کوئی جناح جیسی سیاسی چابکدستی کا حامل لیڈر نہ تھا۔ پھر جب یہ تحریکیں چلیں تو حالات بھی مختلف تھے اور پاکستان کے قیام کی تخریبی تحریک کی کہانی کو اِن تحریکوں کے قائدین کے لیے جن میں اکثریت جاہل ملاؤں اور گلی محلّے کی سطح کے نام نہاد سیاسی رہ نماؤں کی تھی، تبدیل شدہ حالات میں دہرانا ممکن نہیں رہ گیا تھا۔

ماضی قریب میں اردو اخبارات کی نوازشات کے طفیل ہندی مسلمانوں کو (قومی سطح پر) بالخصوص جن دو تنازعات کے سبب اکثریت سے محاذ آرائی کرنی پڑی ان میں پہلا تنازعہ اس نکتے پر مبنی تھا کہ کیا ایک مسلمان مطلقہ عورت کریمنل پروسیجر ایکٹ (Criminal Procedure Act) کی بعض دفعات کے تحت اپنے

شوہر سے نان نفقہ حاصل کرنے کی حقدار ہے؟ ان دفعات کے تحت عورتوں کو معاشی بدحالی یا جسم فروشی سے تحفظ فراہم کرنے کی غرض سے شوہر سے نان نفقہ حاصل کرنے کا مجاز قرار دیا گیا ہے جب کہ مسلم پرسنل لا کے تحت طلاق کے بعد شوہر پر عائد ایسی تمام ذمے داریاں ازخود ختم ہوجاتی ہیں۔

دوسرا تنازعہ ہندوؤں کے شدّت پسند طبقے کے اُس دعوے سے متعلق تھا جس کی بنیاد مغل شہنشاہ بابر کی طرف سے تعمیر کروائی گئی بابری مسجد منہدم کر کے وہاں رام مندر تعمیر کیے جانے کی کوششوں پر تھی اور اس دعوے میں یہ الزام عائد کیا گیا تھا کہ سولھویں صدی میں رام مندر کو مسمار کر کے اس مقام پر بابری مسجد تعمیر کی گئی تھی۔ مسلمانوں نے شاہ بانو معاملے میں سپریم کورٹ کے فیصلے کو کالعدم قرار دیے جانے اور بابری مسجد کے تحفظ کے لیے قانون سازی کے مطالبے کے ساتھ ایک زبردست عوامی جدوجہد کا آغاز کیا (اگرچہ 6/دسمبر 1992 کو رجعت پسند ہندوؤں کے ایک بڑے غول نے مرکز میں برسرِ اقتدار کانگریس کی پسِ پردہ حمایت اور اتر پردیش میں برسرِ اقتدار بھارتیہ جنتا پارٹی کی مدد (State Sponsorship) سے بابری مسجد کو مسمار کردیا) جس کے نتیجے میں شدید قسم کی ہندو مسلم کشیدگی پیدا ہوئی اور مسلمانوں کو ملک بھر میں شدید جانی اور مالی نقصانات اٹھانے پڑے۔

شاہ بانو تنازعے میں سپریم کورٹ کے فیصلے کے بعد کریمنل پروسیجر ایکٹ کی وہ دفعات، جن کے تحت مطلقہ خواتین کو شوہر سے نان نفقہ حاصل کرنے کا استحقاق حاصل ہوگیا تھا، تبدیل کرنے کے مسلم قیادت کے مطالبے نے رجعت پسند ہندو قیادت کے لیے یہ دلیل پیش کرنے کی راہ ہموار کردی کہ مذہبی معاملات میں عدالتی فیصلے کوئی معنی نہیں رکھتے۔ اسی طرح جب بابری مسجد معاملے میں عدالت نے یہ فیصلہ دیا کہ بابری مسجد کی جگہ رام مندر کے منہدم کیے جانے کے ثبوت موجود نہیں ہیں تو ہندو قیادت نے یہ دلیل دی کہ ہندو عوام کے اس مذہبی عقیدے کے برعکس کہ مذکورہ مقام پر مندر تھا، عدالت کا کوئی بھی فیصلہ (ہندو اکثریت کے لیے) قابل قبول نہیں ہوگا۔

شاہ بانو اور بابری مسجد ہر دو معاملات میں مسلم قیادت کے مقاصد سرتاسر مفاد پرستانہ، طریق کار نہایت ہی کمزور اور استدلالات ہر طرح سے بودے تھے، بالکل اس طرح جیسے محمد علی جناح کی قیادت والی مسلم لیگ کی یہ کوشش تھی کہ ان جغرافیائی خِطوں کی پروا کیے بغیر جہاں مسلمان اقلیت میں ہیں، بعض مخصوص سیاسی مفادات کے حصول کی غرض سے مسلمانوں کے لیے غیر منقسم ہندستان کے مسلم اکثریت والے علاقوں کو ملا کر ایک علاحدہ ملک حاصل کیا جائے۔

مسلمانوں کی زندگی میں اردو پریس کے رول کا تجزیہ راقم الحروف ان مفروضات (Hypothesis) کی روشنی میں کرنا چاہتا ہے جن پر اس نے اپنے اِس مضمون کی بنیاد (Theoretical Framework) رکھی ہے:

(1) اردو کے ہفت روزہ، پندرہ روزہ، ماہانہ اخبارات ورسائل وغیرہ؛ اور

(2) روزنامے

میرا یہ ماننا ہے کہ اردو کے ہفت روزہ، پندرہ روزہ اور ماہانہ اخبارات ورسائل میں پابندی سے شائع ہونے والوں کی اکثریت کو بہ آسانی شمالی ہند کی مسلم ذہنیت کا غماز اور خصوصاً دہلی اور شمالی ہند کی مسلم لیڈرشپ کے زیرِ تسلط قرار دیا جاسکتا ہے۔ اِن اخبارات ورسائل میں پابندی سے شائع ہونے والے اخبارات ورسائل کی تعداد زیادہ نہیں ہے اور ان میں بھی اکثر یا تو کسی جماعت یا تنظیم کے کھلے حامی ہیں یا پھر ان کی حیثیت باضابطہ ترجمانوں کی ہے اس لیے ان کا حلقۂ قارئین اور دائرۂ اثر دونوں محدود ہیں جو فطری امر ہے۔

مسلمانوں میں نسبتاً وسیع حلقۂ قارئین چوں کہ دہلی سے شائع ہونے والے اردو ہفت روزہ اخبارات کا ہے اس لیے اردو صحافت کے تخریب کارانہ مزاج کی تشکیل میں بھی ان کا بہت اہم کردار ہے۔ دہلی کی اردو صحافت بلاشبہ شمالی ہند کے مسلمانوں کے جذبات کا استحصال کرنے والی ہے اور ہر سطح پر ان کے پست معاشرتی حالات کی آئینہ دار بھی۔ شمالی ہند کے مسلمانوں میں تعلیم کی کمی ہے اس لیے ان تمام مسلم رہنماؤں اور جماعتوں کی ہر تحریک کے لیے، جنھیں مسلمانوں کے اصل مسائل سے کوئی دلچسپی نہیں، شمالی ہند کی زمین ماضی کی طرح ہنوز زرخیز ہے۔ دہلی کے بیش تر اخبارات خودساختہ مفروضات اور ان مفروضات کو درست ثابت کرنے کے لیے تراشی ہوئی اپنی تاویلات کا طواف کرتے رہے ہیں۔ اِن مفروضات کے وجوہ مختلف ہیں۔ اول تو مسلمانوں سے متعلق ہندستان میں لاتعداد ایسی غلط فہمیاں رائج ہیں جو مسلم مخالف قوتوں نے دانستہ اور بے حد منظم طریقے سے پھیلائی ہیں مگر متعدد غلط فہمیاں تو مسلمانوں کے اپنے روّیوں کی ہی زائیدہ ہیں۔ دہلی سے شائع ہونے والے اخبارات کا ایک بڑا المیہ یہ بھی ہے کہ مسلمانوں میں ان کا حلقۂ اثر معمولی تعلیم یافتہ اور سیاسی شعور سے تقریباً بے بہرہ مسلمانوں تک محدود رہے۔

آٹھویں دہائی میں اردو صحافت کے رجحانات تبدیل تو ہوئے مگر نئے رجحانات بھی مثبت نہیں بلکہ منفی ہی تھے۔ اسی زمانے میں بعض نئے اخبارات منظرِ عام پر آئے اور پرانے اخباروں نے بھی تبدیل شدہ حالات کی عکاسی کے لیے اپنے نقطۂ نظر میں تبدیلی کا عندیہ ظاہر کیا۔ کانگریس اپنا اردو ترجمان 'قومی آواز' دہلی سے بھی زور شور سے شائع کرنے لگی۔ 'قومی آواز' نے غالباً مصلحت کے تقاضے کے پیشِ نظر نسبتاً اعتدال پسندانہ رویہ اختیار کیا اور اسی لیے کانگریس پارٹی کا ترجمان ہونے کے باوجود شمالی ہندستان کے کچھ علاقوں میں قومی آواز کو مسلمانوں کی اس پرانی نسل نے خوش آمدید کہا جو انگریزی اور ہندی دونوں ہی زبانوں سے بے بہرہ تھی۔ 'نئی دنیا' نے، جس کی اشاعت 1973 میں ہفت روزہ اخبار کی حیثیت سے شروع ہوئی تھی، 1980 کے دہے میں اس وقت غیر معمولی مقبولیت حاصل کی جب ملک میں فرقہ وارانہ عصبیت اپنے شباب پر تھی۔ اسی دوران ایک اور ہفت روزہ 'اخبارِ نو' بھی منظرِ عام پر آیا جس نے جامع مسجد کے امام عبداللہ بخاری کی غیر مشروط تائید وحمایت کو اپنا شیوہ بنایا۔ مسلم پرسنل لاتحریک کے دوران اور بعدازاں بابری مسجد تحریک کے زمانے میں اس اخبار کو شمالی ہند کے مسلمانوں میں

قابلِ ذکر اہمیت حاصل ہوئی اور 1990 تک اسے دہلی کے مقبول اردو ہفت روزہ اخبارات میں شمار کیا جانے لگا۔ جب 1989 میں جنتا دل حکومت اقتدار میں آئی تو اس وقت کے وزیر اعظم وی پی سنگھ نے امام بخاری کی سفارش پر م۔ افضل کو راجیہ سبھا کا رکن نامزد کر دیا۔ سیاسی بازار میں قدم رکھنے کے بعد اخبار میں محمد افضل کی دلچسپی اور عام مسلمانوں پر اخبار کا اثر دونوں ہی معدوم ہونے لگے اور اب یہ ہفت روزہ بھی فائل کا پیاں شائع کرنے تک محدود ہو کر رہ گیا ہے۔ بابری مسجد تحریک کے زور و اثر کے دوران دو اور اُردو اخبارات کا اجرا ہوا جن کے نام روزنامہ 'فیصل جدید' اور ہفت روزہ 'ہمارا قدم' تھے۔ روزنامہ ''فیصل جدید'' خبروں سے عاری ایک ایسا اخبار تھا جس نے مسلم جذبات کا نہایت سفّاکی سے استحصال کیا۔ یہ اخبار بابری مسجد تحریک کے اخیر دور تک خاصا مقبول رہا مگر مسجد کے مسمار ہوتے ہی اس کی سانسیں اکھڑنے لگیں اور جلد ہی یہ اخبار زیب طاق نسیاں ہو گیا۔

بابری مسجد کے انہدام کے بعد جب اس کے تحفظ کی تحریک بھی خود بہ خود ختم ہو گئی تو 'ہمارا قدم' کی موت بھی یقینی ہو گئی۔ یہ ہفت روزہ 'نئی دنیا' خاندان کا اخبار تھا۔ کہنے کی ضرورت نہیں کہ معاصر اردو صحافت کے منظر نامے پر یہ خاندان اس اعتبار سے خاصا نمایاں رہا ہے کہ اس نے اردو صحافت کے منفی بلکہ تخریب کارانہ رجحانات کو تقویت اور وقعت دے کر انھیں اردو صحافت کے حوالے سے ایک مستقل بالذات ادارہ (Institution) بنا دیا ہے۔ اس ضمن میں 'ہمارا قدم' کے اجرا کے موقعے پر 'اخبارِ نو' کا ادارتی تبصرہ 'نئی دنیا' سمیت دوسرے اردو اخباروں کے موقع پرستانہ رجحان کی ترجمانی کرتا ہے خود 'اخبارِ نو' بھی جس سے مستثنیٰ نہیں۔ زبان سے عدم واقفیت کے سبب درج ذیل اقتباس میں الفاظ کے استعمال میں اناڑی پن اور غیر مربوط عبارت کے عنصر کو اگر نظر انداز کر دیا جائے تو یہ تبصرہ خاصے مزے کا ہے۔ ملاحظہ فرمائیے:

''دہلی کی اخباری برادری میں صدیقی برادران کا نام قابلِ ذکر ہے۔ مولانا عبدالوحید صدیقی بانیٔ 'نئی دنیا'، 'ہما' اور 'ہدیٰ' کے چار بیٹے مختلف اخبار و رسائل نکال رہے ہیں۔ 'نئی دنیا' ان کے چھوٹے بیٹے شاہد صدیقی کے ہاتھ میں ہے جب کہ ان کے سب سے بڑے بیٹے احمد مصطفیٰ صدیقی راہی ہدیٰ نکالتے ہیں لیکن اب انھوں نے 'نئی دنیا' کے مقابلے میں زیادہ ضخیم 'ہمارا قدم' نکالا ہے جس کی ادارت ان کے نوجوان بیٹے اور ابھرتے ہوئے صحافی سہیل صدیقی نے سنبھالی ہے۔ مزے کی بات یہ ہے کہ شاہد صدیقی بچپن سے ہی کٹر کمیونسٹ، مذہب مخالف اور اینٹی کانگریس تھے جب کہ احمد مصطفیٰ راہی مذہب پرست، اینٹی کمیونسٹ اور سیاسی نظریات کے اعتبار سے زبردست کانگریسی رہے مگر اپنے اپنے اخبارات کی اشاعت کے بعد دونوں کے نظریات میں زبردست تبدیلی آ چکی ہے۔ مادّی فائدے اور اقتدار سے قریب ہونے کی ہوس نے شاہد صدیقی اور ان کے اخبار نئی دنیا کو ابن الوقت بنا دیا ہے اور ان کا اخبار ایک آزاد اخبار ہونے کے بجائے کانگریس پارٹی کے دفتر سے شائع ہونے والے پروپگنڈا اخبار کی حیثیت اختیار کر گیا ہے جب کہ حالات کی ستم ظریفی نے احمد مصطفیٰ راہی کو زبردست اینٹی کانگریس آدمی بنا دیا ہے اور ان کا اخبار 'ہمارا قدم' شاہد صدیقی اور کانگریس کے لیے اخبارِ عبرت بن چکا ہے۔''

(اخبارِنو، 19 مارچ 1991، ص۔ 7)

'اخبارِ نو' کے اس اداراتی نوٹ نے نادانستہ ہی سہی مگر واضح الفاظ میں اردو صحافت کے پست معیار کے اسباب کی جانب اشارے کیے ہیں۔ دل چسپ بات یہ ہے کہ سہیل صدیقی اردو سے اس درجہ نابلد ہیں کہ حروفِ تہجی بھی شناخت نہیں کر سکتے۔

ایسے ہی خیالات کا اظہار معصوم مرادآبادی نے اس وقت کیا تھا جب 1991 میں انھوں نے 'خبردار جدید' کا اجرا کیا۔ حالاں کہ 'خبردار جدید' کی اشاعت کے وقت اردو صحافت کے تخریب کارانہ رجحان سے بے زاری کا نعرہ لگایا گیا تھا مگر آخرش معصوم مرادآبادی کو بھی تو مفاد پرستوں کے اسی قبیلے میں شامل ہونا تھا جو معاصر اردو صحافت کے نظریہ سازوں کا ٹولا ہے اور جہاں معصوم مرادابادی سے لے کر م۔ افضل تک سب نے اردو صحافت کی ابجد سے واقفیت حاصل کی یعنی 'نئی دنیا' خاندان۔ اب اس دبستانِ فکر کے پروردہ بیش تر مقلد اپنے بزرگوں کے دیے ہوئے سبق یعنی تخریب کاری کے رجحان کو پوری قوت سے فروغ دے رہے ہیں۔ فرق صرف اتنا ہے کہ ابتداً صحافتی تخریب کاری کی جانب بہ وجوہ 'نئی دنیا' خاندان نے تنہا پیش رفت شروع کی تھی مگر اب اس کارواں میں بیش تر اخباری خانوادے شامل ہیں۔ اردو صحافت کے پیشے سے اپنی کئی برسوں کی وابستگی اور م۔ افضل کی طرح 'نئی دنیا' خاندان سے حاصل تجربات کی بنیاد پر معصوم مرادآبادی کے خیالات کئی اعتبار سے اہمیت کے حامل ہیں کیوں کہ ایک مرتبہ پھر گھر کا بھیدی اپنے دیگر پیر بھائیوں کی طرح زبان کے اناڑی پن کی قدر مشترک کے ساتھ لنکا ڈھا رہا ہے:

''اردو اخبارات کی اکثریت اپنے قارئین کے گھروں کو ماتم کدہ اور ان کے دماغوں کو بوجھل بنا کر رکھنا چاہتی ہے تا کہ وہ عملی زندگی کے میدان میں سرگرم ہونے سے گریز کرتے رہیں۔ آزادی کے بعد اردو اخبارات کی اکثریت نے سوائے ماتم کے کچھ نہیں کیا اور وہ ڈھونڈ کر اپنے قارئین کے لیے ایسا مواد اکٹھا کرتے رہے جو انھیں مایوسی، ناامیدی اور یاس کے اندھے کنویں میں دھکیلتا رہا۔ اخبارات نے گذشتہ 43 برسوں میں ملّت پر ہو رہے ظلم وستم کی کہانیاں توشہ سرخیوں کے ساتھ شائع کیں مگر انھیں کبھی یہ بتانے کی زحمت گوارا نہ کی کہ ان حالات سے نکلنے اور باعزّت زندگی گزارنے کے راستے بھی اس دنیا میں موجود ہیں۔ اخبارات اس بات سے خوف زدہ رہے کہ اگر انھوں نے اپنے قارئین کو حالات سے نبرد آزما ہونے کے وسیلے بتا دیے تو پھر ان کے خون سے رنگے ہوئے اخباروں کو کون خریدے گا۔''

(منقول از ہندی ہفت روزہ، ساپتاہک ہندستان، 28/اپریل 1991، ص 52)

دہلی سے شائع ہونے والے اردو اخبارات ورسائل کا ایک المیہ یہ بھی ہے کہ ہندستانی مسلمانوں کی سیاسی صورتِ حال میں تبدیلی اور تغیر رونما ہونے کے عمل کے جاری رہنے کے باوجود اردو اخبارات کے مقاصد اب بھی وہی ہیں جو بیسویں صدی کی ساتویں دہائی تک تھے۔ وہ انجام کی پروا کیے بغیر مسلمانوں کو اشتعال

انگیزی اور ہیجان میں مبتلا کرنے کا کوئی موقع ہاتھ سے نہیں جانے دیتے۔ ستمبر تا دسمبر 1990 کے درمیان اس امر کے واضح ثبوت اردو اخبارات کے صفحات پر جلی حروف میں نظر آتے ہیں۔ جب پورے ملک میں ہندو فرقہ واریت کی آندھی چل رہی تھی اور اردو اخبارات مسلمانوں کو تدبّر اور تحمل و فہم سے کام لینے کا مشورہ دینے کی بجائے انھیں مستقل مشتعل کر کے فرقہ وارانہ فسادات کا ایندھن بناتے رہے۔

اردو صحافت کے مستقل قارئین میں ایک بڑی تعداد تو ان لوگوں کی ہے جن کے سیاسی مزاج کی تربیت ہی ان اخباروں نے کی ہے جنھوں نے مسلمانوں اور خود اردو صحافت سے متعلق متعدد مفروضے تراش کر حالات کو بے حد پیچیدہ اور تشویشناک حد تک بے قابو کر دیا ہے۔ دہلی سے شائع ہونے والے اخبارات نے مسلمانوں کے نئے تعلیم یافتہ اور متوسط طبقات (حالانکہ ان کا سائز بہت چھوٹا ہے) کے مسائل کو بھی اپنے صفحات پر جگہ دینے کے بارے میں کبھی غور نہیں کیا۔ اپنا ملک گیر کردار تو دہلی کی اردو صحافت ہیجان انگیز حالات کے سوا کبھی قائم کر ہی نہیں پائی۔

1970 کے بعد اب تک شمالی ہند میں اردو صحافیوں کی کئی نسلیں تیار ہو گئی ہیں مگر اردو صحافت کا نہ تو مزاج بدلا اور نہ ہی اردو اخبارات کے مالکان کا وہ رویہ جو آج بھی ان سے 1970 کے سیاسی اور سماجی حالات کے تناظر میں ہی معاصر صورتِ حال کا تجزیہ کراتا ہے۔ دہلی میں اردو صحافت کے مجموعی معیار پر علاحدہ سے کوئی تفصیلی تبصرہ کرنے کا یہ مناسب موقع نہیں مگر یہ عرض کرنا ضروری معلوم ہوتا ہے کہ دہلی میں اردو کے بڑے بڑے صحافیوں کی فکر اور اردو صحافت کے حوالے سے ان کا ہر استدلال بے حد بودا ہوتا ہے۔ شمالی ہند کے مسلمانوں کے سیاسی زوال اور حیاتِ اجتماعی کی پستی کی بیش تر ذمّے داری چوں کہ دہلی کی اردو صحافت پر ہے اس لیے ضمناً اس زاویے کو موضوعِ بحث بنائے بغیر چارہ بھی نہیں۔

اردو صحافت کے معیار کی پستی کا ذکر جب بھی دہلی کے کسی اردو اخبار کے مدیر (مالک؟) سے کیجیے تو اس کا پہلا جواب یہی ہوگا کہ صاحب! عام مسلمان دن میں 10 روپے کا پان کھا کر تھوک دے گا مگر ہفتے میں اردو کا ایک ہفت روزہ خریدنے پر 10 روپے خرچ نہیں کرے گا۔ اردو صحافت کی پست معیاری سے متعلق دہلی کے صحافیوں کا یہ استدلال بھی آفاقی ہے کہ اردو اخبارات کی تعدادِ اشاعت بہت کم ہے اور انھیں انگریزی اور ہندی اخبارات کے مساوی اشتہارات بھی نہیں ملتے وغیرہ وغیرہ۔ تعدادِ اشاعت کی کمی اور ہندی، انگریزی کے مقابلے میں اشتہارات کی کم یابی کو اردو صحافت کے معیار کی پستی کا سبب کہنا حالات کا انتہائی سطحی اور احمقانہ تجزیہ ہے۔

1970 کے آس پاس، جب شمالی ہند کے مسلمانوں میں تعلیم کا تناسب تقریباً صفر تھا اور مسلم متوسط طبقہ بھی تقریباً معدوم ہی تھا اور آج جب ملک میں مسلم مڈل کلاس کا دائرہ نسبتاً وسیع ہو گیا ہے، جنوبی ہند کے مسلمانوں میں تعلیم عام ہو گئی ہے اور ملک میں مجموعی طور پر مسلمانوں کے معاشی حالات بھی کہیں زیادہ بہتر ہوئے ہیں؛ اردو اخبارات و رسائل کی تعدادِ اشاعت یا تو کم ہوئی ہے یا ایسے بہت سے اخبارات و رسائل بند ہو گئے ہیں جو 1970 کے آس پاس بڑی تعداد میں شائع ہوتے تھے۔ آخر اس تبدیلی کے محرکات کیا ہیں؟ میری ناقص فہم کی حد تک تو

دہلی میں اردو صحافت کے زوال کے اہم اسباب میں اصل اہمیت ان غلط توجیحات اور مفروضات ہی کو حاصل ہے جن کا تجزیہ اس مضمون کی بنیاد ہے۔

مسلمانوں کے معاشی حالات میں تبدیلی کے ساتھ ساتھ ہر سطح پر پیچیدگیوں میں بھی اضافہ ہوا ہے۔ دہلی کے بیش تر نام نہاد اردو مدیران کی سرے سے کوئی فہم ہی نہیں، عرفان و ادراک تو ان کے لیے دور کی باتیں ہیں۔ دہلی سے شائع ہونے والے اردو کے ہفت روزہ اخبارات جو شمالی ہند میں مسلم سیاست اور مسائل ہی کے گرد طواف کرتے رہے تھے، ان کی شمالی ہند کے (بھی) ایک خطّے کے ایک مخصوص حلقے کے سوا باقی ہندستان میں اب کوئی افادیت نہیں رہ گئی ہے۔ جنوبی ہند میں مسلم سیاست کا ڈھرّا شمال سے بالکل مختلف ہے۔ صرف زبانی جمع خرچ کا وہاں دھیلا نہیں اٹھتا جب کہ مسلمانوں کی حیات اجتماعی کو خوش گوار بنانے اور مسلم مسائل کا مثبت حل تلاش کرنے کا کوئی تصور شمالی ہند کی مسلم لیڈر شپ کی سرشت ہی میں نہیں ہے اس لیے بابری مسجد اور مسلم پرسنل لا جیسے ملک گیر سطح کے بے حد جذباتی سوالوں کے ختم ہونے کے ساتھ ہی شمالی ہندوستان میں زبانی جمع خرچ کے ماہر سیاسئین اور ان کے ہم نوا اردو اخبارات کے لیے گنجائشیں تیزی کے ساتھ محدود ہو گئیں۔ بابری مسجد انہدام کے نتیجے میں برپا ہونے والے فسادات کے سلسلے کے رک جانے اور مختلف طریقوں سے ہونے والے شدید ردِعمل کا زور و اثر کم ہونے کے ساتھ ہی دہلی سے شائع ہونے والے اردو اخباروں کی تعدادِ اشاعت تیزی کے ساتھ زوال پذیر ہوئی ہے۔ یہ صحیح ہے کہ مسلم کش فسادات ہندستان کی قومی زندگی میں ناسور کی حیثیت اختیار کر گئے ہیں مگر مسلم سیاست کے رویے اور ماضی کے تجربات کی روشنی میں مسلم نوجوان اس قطعی نتیجے پر آہستہ روی ہی کے ساتھ سہی مگر پہنچ ضرور رہا ہے کہ فسادات کا علاج خواہ کچھ ہو مگر کم سے کم وہ جوش نہیں ہے جو شمالی ہند کی مسلم سیاست سارے ہندستان کے لیے تجویز کرتی رہی ہے۔ دہلی سے شائع ہونے والے اخبارات کی اکثریت چوں کہ مذہب کے نام پر سیاست کرنے والوں کی آلۂ کار ہے اس لیے ان اخبارات کے معیار کی پستی کے اسباب کا تعدادِ اشاعت سے کوئی تعلق ہو ہی نہیں سکتا۔ فطری بات یہ ہے کہ اخبار جس مذہبی گروہ، رہ نما یا جماعت کا اعلانچی بنا ہوا ہے اخبارات کے قاری بھی اسی مذہبی گروہ، رہ نما یا جماعت کے حامیان تک محدود ہوں گے۔ اردو ہفت روزہ اخبارات کی مالی پشت پناہی بھی یا تو ان کے (سیاسی) آقا براہِ راست کرتے ہیں یا پھر وہ غیر ملکی سفارت خانے ان اخبارات کی دست گیری فرماتے ہیں، اخبارات کے آقا جن غیر ملکی طاقتوں کے ہاتھوں کی کٹھ پتلی ہیں۔ کہنے کی ضرورت نہیں کہ ان غیر ملکی سفارت خانوں میں اکثریت ان کی ہے جو ہندستان میں اسلامی اساس پرستی کے فروغ کے لیے کوشاں ہیں۔ شمالی ہند میں حلقۂ اثر رکھنے والے اخبارات کو معیار کی پروا اس لیے بھی نہیں ہوتی کہ ان کا حلقۂ قارئین انتہائی محدود اور سیاسی شعور سے بے بہرہ مسلمانوں پر مشتمل ہے۔ پھر معیار کی پستی یا تعدادِ اشاعت کا زوال پذیر ہونا کسی بھی طرح ان اخبارات کے مدیران کے مفادات کے حصول کی راہ میں کوئی رکاوٹ پیدا نہیں کرتا، اس لیے وہ آج

بھی اپنی روشِ قدیم پر نہ صرف قائم ہیں بلکہ پوری ایمان داری سے اپنی تمام حماقتوں کو کرامت سمجھنے اور سمجھانے پر کمر بستہ نظر آتے ہیں۔

شمالی ہند کے مسلمانوں کی نئی تعلیم یافتہ نسل کے مسائل کے لیے نہ تو دہلی سے شائع ہونے والے اردو اخبارات میں کوئی جگہ ہے اور نہ ہی ان مسلم نوجوانوں کی اکثریت کو اردو زبان آتی ہے جن کی تعلیم اسکول کے نظام میں ہوئی۔ اس لیے شمالی ہند کے مسلم نوجوانوں کو ان اخبارات سے جزوی اور وقتی دلچسپی صرف بابری مسجد، پرسنل لا جیسے مسائل کے سامنے آنے پر ہی ہوتی ہے۔ شمالی ہند میں حلقۂ اثر رکھنے والے بیش تر اردو اخبارات کے زوال کا دوسرا بڑا سبب اس خطّے میں اردو زبان کا پوری طرح مشرف بہ اسلام ہو جانا بھی ہے۔ مسلمانوں کی نئی نسل یوپی میں تو اردو سے بالکل ہی بے بہرہ ہے اور اقتصادی پس ماندگی کے سبب وہ مسلم نوجوان جو پرائمری درجات کے بعد تعلیم جاری نہیں رکھ پاتے، ہندی کی معمولی شد بد تو رکھتے ہیں مگر اردو بالکل نہیں جانتے۔ 1947 کے بعد حالات قدرے مختلف تھے کیوں کہ ہندستان میں رہ جانے والے مسلمان تعلیمی طور پر پس ماندہ اور سیاسی شعور سے بے بہرہ تو تھے مگر وہ اردو کی معمولی شد بد رکھتے تھے اور شمالی ہند کے اخبارات ورسائل کے اصل قاری وہی تھے اور ان ہی کی تعلیمی استعداد اور سیاسی فہم ونفسیات کو ذہن میں رکھ کر اردو اخبارات اور مسلم سیاست کا لائحۂ عمل مرتب ہوتا تھا۔ شمالی ہند میں اب مسلمانوں کی نئی نسل جس کی تعلیمی استعداد کم ہے، اردو کی بجائے ہندی کی شد بد رکھتی ہے اور شمالی ہند سے نکلنے والے ہندی کے وہ علاقائی اخبارات جو مسلمانوں اور اسلام کے خلاف زہر افشانی میں اپنا ثانی نہیں رکھتے اور جو ہندو فرقہ پرست تنظیموں کے ہم نوا اور ان کے انتہائی منظّم لائحۂ عمل کے مطابق اپنی ادارتی پالیسی وضع کرتے ہیں، مسلمانوں کی نئی نسل اب ان کا ایندھن ہے۔

شمالی ہند کے مسلمانوں نے آزادی کے بعد جس مسئلے کے ساتھ مسلسل جذباتی وابستگی کا مظاہرہ کیا وہ اردو زبان کی بقا کا مسئلہ تھا۔ ہندستان میں مسلمانوں کی پہلی ترجیح مذہب کا تحفظ تھا اس لیے انھوں نے اردو کی بقا کے لیے تمام تر جدوجہد اس نظریے سے کی کہ اسلام کی تبلیغ اور مذہبی تعلیم کا سب سے اہم ذریعہ اردو ہی تھی۔ اسی لیے اردو تعلیم کا نظم اسکولوں میں تو ختم ہو گیا مگر اردو کے ذریعے تعلیم دینے والے مدارس لاکھوں کی تعداد میں آج ملک کے ہر حصے میں چل رہے ہیں۔ اردو کی بقا اور تحفظ کے نام پر چلنے والی تحریکوں کے لیے بدترین سیاسی اور اقتصادی حالات کے باوجود شمالی ہند کے مسلمانوں نے بساط بھر کوشش ہمیشہ کی، ضرورت پڑنے پر اردو تحریک کو یہاں کے مسلمانوں نے خون بھی دیا مگر اسکولوں میں اردو تعلیم کے نظام کے معدوم ہو جانے کا ایک نتیجہ یہ نکلا کہ اس زبان کا ہمہ جہتی فروغ رک گیا۔ اردو صحافت کے تجزیہ نگاروں نے معیار کے زوال میں تعداد اشاعت کی کمی کے بے حد غلط اور گمراہ کن تجزیے کے ذریعے اصل اسباب پر توجہ مبذول ہی نہیں ہونے دی۔

آیئے اب ایک نظر اردو صحافت کے زوال میں اشتہاروں کی کمی کے مفروضے پر بھی ڈال لیں۔

حکومت ہند کی طرف سے ملنے والے سرکاری اشتہارات میں ملک گیر اہمیت کی حامل زبان اردو کے اخبارات کو ایسی کئی علاقائی زبانوں کے اخبارات ورسائل سے زیادہ اشتہارات ملتے ہیں جن کی تعدادِ اشاعت اور معیار کے سامنے اردو اخبارات کہیں نہیں ٹھہرتے۔ ان میں بیش تر زبانیں ایسی ہیں جنھیں ان کے مخصوص لسانی خطوں کے علاوہ باقی ہندوستان میں کہیں نہیں بولا اور سمجھا جاتا۔

جہاں تک پرائیویٹ اداروں کے اشتہارات کا تعلق ہے تو کوئی بھی پرائیویٹ صنعتی ادارہ اردو کے ایسے اخبارات کو اشتہار نہیں دے سکتا جن کا حلقۂ قارئین مسلمانوں کا انتہائی پس ماندہ طبقہ ہو۔ یہاں ہندو مسلمان کا سوال نہیں، کاروبار کا معاملہ ہے۔ خود مسلمانوں کے جو چند بڑے صنعتی ادارے ہیں وہ بھی اردو اخبارات کو انگریزی اور ہندی کے مقابلے میں بہت کم اور بعض نہیں کے برابر اشتہارات دیتے ہیں۔ اشتہارات کی اشاعت کا مقصد صارفین کے (متوسط) طبقے کو متوجہ کرنا ہوتا ہے اور اردو اخباروں کی مسلم متوسط طبقے تک رسائی ہے ہی نہیں تو پھر انھیں اشتہارات کیوں ملیں؟ البتہ خیرات مل سکتی ہے۔ جو مسلم صنعتی ادارے اردو اخباروں کو تھوڑے بہت اشتہار دے دیتے ہیں ان کے پیچھے خیرات جیسا ہی جذبہ کارفرما ہوتا ہے۔

اردو صحافت کے حالات ان تمام لسانی خطّوں میں شمالی ہند سے کہیں بہتر ہیں جہاں کے مسلمان اپنی علاقائی شناخت پر نازاں اور اس مخصوص خطّے کے تہذیبی مزاج سے ہم آہنگ ہیں۔ ان تمام خطّوں میں اردو کو اپنی مادری زبان قرار دینے والوں کا تناسب شمالی ہند سے بہت کم ہے لیکن اس کے باوجود وہاں اردو کے مجموعی حالات شمالی ہند سے کہیں بہتر ہیں اور اردو کے تئیں وہاں کے مسلمانوں کا رویّہ جذباتی کم، عقلی اور منطقی زیادہ ہے۔ تعلیمی نظام سے لے کر عملی زندگی کے دوسرے تمام شعبوں میں ان اردو داں مسلمانوں کے لیے اردو نہ تو ان کی ترقی کی راہ میں کہیں حائل ہوتی ہے اور نہ (اب تک) ان کی علاقائی شناخت سے ہی وہ متصادم ہوئی ہے۔

آیئے اب ایک مختصر تجزیہ اردو اور غیر اردو داں لسانی خطوں کی اردو صحافت کا بھی کریں۔

بابری مسجد کے انہدام تک کانگریس کا اردو ترجمان روزنامہ 'قومی آواز' دہلی سے شائع ہونے والا شمالی ہند کا واحد روزنامہ تھا جس کا نہ صرف حلقۂ قارئین نسبتاً وسیع تھا بلکہ یہ دہلی اور اس کے نواحی علاقوں کے مسلمانوں میں کافی مقبول بھی تھا۔ 'قومی آواز' کا لکھنؤ ایڈیشن جس کی 1993 میں تعداد اشاعت 28770 تھی، 1998 آتے آتے بند ہوکر یہ پیغام دے گیا کہ اگر کانگریس جیسی بڑی سیاسی جماعت مسلمانوں کی حمایت حاصل کرنے کی غرض سے مسلسل خسارہ برداشت کرتے ہوئے کسی اخبار کی اشاعت کو جاری بھی رکھنا چاہے تو بھی اردو صحافت کے رویے میں مجموعی طور پر غیر معمولی تبدیلی رونما ہوئے بغیر اب یہ کام ممکن نہیں۔ بابری مسجد کے انہدام کے بعد کانگریس سے مسلمانوں کی شدید مگر وقتی نفرت بھی مسلمانوں کے درمیان اس اخبار کی ضرورت پر یک لخت اثر انداز نہیں ہو سکی جو اس امر کا ثبوت ہے کہ شمالی ہند کا مسلمان ذہنی طور پر کانگریس کا ہمنوا ہے بھلے ہی کانگریس کے نظریہ ساز

حلقوں کو مسلمانوں کی اتنی بھی پروانہ ہو جتنی برہمن شدروں کی کرتے ہیں۔ دہلی اور یو پی کے دوسرے شہروں سے جو چند دیگر اردو روزنامے شائع ہوتے ہیں ان کی صحیح تعدادِ اشاعت چند سو بھی مشکل ہی سے ہوگی۔ ان میں سے اکثر صرف سرکاری مراعات کے حصول کے لیے فائل کا پیاں ہی شائع کرتے ہیں۔ دہلی سے شائع ہونے والے اخباروں میں 'پرتاپ' جیسے اردو اخبارات بھی ہیں جنھوں نے مسلم دشمنی کو اپنا مقصد خصوصی قرار دے رکھا ہے۔

کنڑ زبان کے علاقے بنگلور جیسے شہر سے بھی جہاں انگریزی اور کنڑ زبانوں کی اجارہ داری ہے اردو کا ایک روزنامہ 'سالار' (تعداد اشاعت 11871) شائع ہوتا ہے۔

بنگال کے مسلمانوں کو اپنی زبان اور تہذیب سے کس درجے محبت ہے اس کا بہترین ثبوت قیامِ بنگلہ دیش کی تحریک میں اردو کی مخالفت کا زبردست مظاہرہ ہے۔ مولانا سید سلیمان ندوی اور بابائے اردو مولوی عبدالحق دونوں کی اس دلیل کو سابق مشرقی پاکستان کے بنگالی مسلمانوں نے تسلیم کرنے سے انکار کر دیا تھا کہ اردو اور قرآن دونوں کا رسم الخط چوں کہ ایک ہی ہے اور اردو قرآن کے ترجمے کی اہم ترین زبان ہے اس لیے مشرقی پاکستان کے بنگالی مسلمانوں کو اردو کی مخالفت نہیں کرنا چاہیے۔ اس تحریک کو حروف القران کی تحریک کہا جاتا ہے جو بالآخر ناکام ہوگئی اور پاکستان دولخت ہوا۔

اردو کی محبت بنگلہ زبان اور تہذیب و ثقافت کی محبت پر کبھی سبقت نہیں لے سکتی جو ایک فطری بات ہے۔ اس کے باوجود کولکاتہ سے تین اہم اردو روزنامے 'آزاد ہند' (تعداد اشاعت 15351) اقرا ((15510 اور اخبار مشرق ((12882 شائع ہوتے ہیں۔ یہی حال ممبئی کا ہے جہاں سے 'انقلاب' (23531) 'اردو ٹائمز' (19746) اور 'ہندوستان' (8612) شائع ہو رہے ہیں۔ حیدر آباد کا حال بھی کچھ مختلف نہیں ہے۔ وہاں سے 'سیاست'' (39949) 'رہنمائے دکن' (20982) اور 'منصف' (9390) شائع ہوتے ہیں۔ اردو صحافت کے ذیل میں بہار کی اردو صحافت کا ذکر نہ کرنا ہی بہتر ہے جہاں عظیم آباد (پٹنہ) ہی سے پچاس کے آس پاس اردو روزنامے شائع ہوتے ہیں مگر ان میں سے اکثر کی اصل تعداد اشاعت فائل کاپیوں تک محدود ہوتی ہے جب کہ بہار میں اردو کے عمومی حالات نہ صرف بہت بہتر ہیں بلکہ شمالی ہند میں سب سے بہتر حالات بہار ہی میں ہیں۔

مندرجۂ بالا تجزیے کی بنیاد پر بہ آسانی یہ نتیجہ اخذ کیا جا سکتا ہے کہ اردو صحافت کا سب سے برا حال دلّی میں ہے جس کے چہار جانب دور تک اردو کا وسیع ترین روایتی اور زرخیز علاقہ ہے اور اس علاقے کے مسلمانوں کی زبان صدفی صد اردو ہے مگر آج شمالی ہند میں مسلمانوں کی نئی نسل مختلف وجوہ سے اردو سے تقریباً ناواقف ہے اس لیے دہلی کے کاروباری مسلم صحافتی ادارے اگر اپنی صحافتی پالیسی تبدیل کرنے پر آمادہ نہیں اور مسلمانوں کو گمراہ کرنے ہی کی اپنی روشِ قدیم کو قائم رکھنا چاہتے ہیں تب بھی انھیں کم از کم اپنی لسانی پالیسی تو جلد اور ضرور تبدیل کرنا ہی ہوگی۔

ہفت روزہ 'نئی دنیا' دہلی (تعداد اشاعت 47901) کے ہندی قالب 'نئی زمین' کے اجرا کا سبب یہی

ہے کہ مسلمانوں کی اس نئی نسل کو جو اردو سے عدم واقفیت کے سبب فرقہ پرست ہندو تنظیموں کے اعلانچی اخبارات پڑھنے پر مجبور تھی، کم از کم ایک ہفت روزہ اخبار تو ہندی میں دستیاب ہو۔ مسلم فرقہ واریت اردو زدہ ہندی میں اور وہ بھی نئی دنیا خاندان کے ذریعے پھیلائی جانے والی ہندی میں شائع ہو تو وہ کچھ لوگوں کو ہندی اخبارات کی ہندو فرقہ واریت سے تو بھلی ہی معلوم ہوگی۔ کانگریس کے ٹکٹ پر 1998 کے عام انتخابات میں مظفرنگر سے شاہد صدیقی کی کراری شکست اس کا اعلامیہ ہے کہ مسلمانوں کی فکر میں آہستہ روی ہی کے ساتھ سہی مگر تبدیلی بہرحال رونما ہو رہی ہے اور اردو صحافیوں کی عوامی پکڑ بالکل نہیں ہے۔ یہ بات دوسری ہے کہ بعد میں شاہد صدیقی، ملائم سنگھ پارٹی میں شامل ہو گئے اور انھوں نے انھیں راجیہ سبھا میں ایم پی نامزد کرا دیا۔

ہفت روزہ 'نئی دنیا' کی طرح جو دیگر اخبارات خود کو اپنی روایتی پالیسیوں کے ساتھ شمالی ہند تک ہی محدود رکھنا چاہتے ہیں (کیوں کہ یہ کام سہل بھی ہے اور اس کا انھیں تجربہ بھی ہے) انھیں بھی آہستہ آہستہ اور مجبوراً ہی سہی مگر اپنے ہندی قالب شائع کرنے کی زحمت تو کرنی ہی پڑے گی اور بادلِ ناخواستہ ہی سہی جلد یا بہ دیر اپنے ہندی قالب میں مسلم نوجوانوں کے روزگار جیسے اہم مسائل کو بھی جگہ دینے کے بارے میں غور کرنا ہوگا، جس کا کوئی تصور دہلی سے نکلنے والے کسی اردو اخبار کے لیے ہنوز چاند کو چھونے کا قصّہ پھول پی جانے کی بات، کے مصداق ہے۔

اردو اخبارات کی اشاعت کا مجموعی نظام تقریباً ایک صدی پرانا ہے۔ آج کے اس جدید دور میں کسی بھی ہندستانی زبان کے اخبارات کے قارئین کے لیے یہ امر حیرت کا باعث ہوگا کہ آخر اردو اخبارات جو اتنے غیر ذمہ دارانہ اور غیر محتاط انداز میں مرتب اور شائع کیے جاتے ہیں، کس طرح ہندستان میں مسلم معاشرت کے آئینہ دار اور مسلم صحافت کے مظہر کے طور پر اس ذلت آمیز طریقے سے شناخت پذیر ہونے کے باوجود زندہ ہیں۔ مع دہلی شمالی ہند میں زیادہ تر اردو اخبارات کے دفاتر محض ایک کمرے پر مشتمل ہوتے ہیں۔ دفتری عملے کے نام پر ایک یا دو کمپیوٹر آپریٹر حضرات اور اتنے ہی ماتحت مدیر اخبارات کی کل کائنات ہوتے ہیں۔ بالعموم ان ماتحت مدیر حضرات کا کام یہ ہوتا ہے کہ دوسرے اخبارات میں شائع شدہ مضامین یا خبروں کو جمع کر کے ان کو اپنے اخبار کے مقاصد یا پالیسی کے موافق نئے (بالعموم اشتعال انگیز اور تخریبی) قالب میں ڈھال دیں۔ ہندوستان کے اردو اخبارات میں پروف ریڈرس کے وجود کا کوئی تصور نہیں۔ یہ کام بھی بالعموم مدیر اور ماتحت مدیر ہی کر لیتے ہیں۔ اردو اخبارات کے ماتحت مدیر حضرات کی علمی استعداد بالعموم بہت معمولی ہوتی ہے۔ ان کی واحد قابلیت اردو اور کچھ حد تک ہندی میں کام کرنے کا عملی تجربہ یا ان دونوں زبانوں سے ان کی واقفیت ہوتی ہے۔ یہ حضرات بالعموم انگریزی سے نابلد ہوتے ہیں کیوں کہ ان کی اکثریت ایسے دینی مدارس کے فارغ التحصیل طلبہ پر مشتمل ہوتی ہے جہاں روایتی مذہبی تعلیم کے علاوہ دوسرے عصری مضامین پر توجہ کا تصور کفر ہے۔ استثنائی صورتوں میں ان ماتحت مدیران کی تنخواہ عموماً کسی بھی ملکی سطح کے باقاعدہ اخبار کے چپراسی کی تنخواہ کے ایک تہائی کے برابر ہوتی ہے اور زیادہ تر

معاملوں میں انھیں دوتین ہزار روپے ماہانہ سے زیادہ اجرت نہیں ملتی۔ اس لیے اردو اخبارات کے ان ماتحت مدیران اور کمپیوٹر آپریٹر حضرات کی اکثریت مساجد میں پیش امام کا فریضہ انجام دیتی ہے کیوں کہ اس طرح انھیں دووقت کا کھانا بھی مفت مل جاتا ہے اور جتنی تنخواہ اردو اخبار سے ملتی ہے اتنی ہی اضافی اجرت مسجد کمیٹی سے بھی مل جاتی ہے۔ اس لیے کہ شمالی ہند کے اردو اخبارات کے عملے میں ماتحت مدیر و کمپیوٹر آپریٹرز زیادہ تر دینی مدارس کے فارغ التحصیل طلبہ ہوتے ہیں۔

اردو اخبارات میں دانش وروں کے مضامین (Commissioned Articles) کی اشاعت کا تو تصور ہی نہیں ہے اور نہ ہی دیگر شہروں سے خبریں روانہ کرنے والوں کو اعزازیہ یا ڈاک خرچ وغیرہ ادا کیا جاتا ہے۔ اس کے برعکس غیر جانب دار مسلم دانشوروں کے خلاف اردو اخبارات مسلسل زہر افشانی کرتے رہتے ہیں۔ دانشوروں کے مضامین کی اشاعت اردو اخبارات میں ممکن ہی نہیں کیوں کہ یہ تو قاری کو اندھیرے اجالے کے فرق سے عملاً روشناس کرادے گی۔ اسی طرح مدیر کے عہدے پر بھی خود اخبارات کے مالکان ہی قابض ہیں جن کی اکثریت آج اخبار کے پست معیار کے باوجود معاشی طور پر بے حد آسودہ اور متمول لوگوں پر مشتمل ہے۔ یہ وہ لوگ ہیں جو اخبار کے اجرا کے وقت دووقت کی روٹی کے لیے محتاج تھے اور ان کی عملی صلاحیت جس درجے کی ہے اس کی بنیاد پر انھیں کسی دفتر میں اپر ڈویژن کلرک کی جگہ بھی مشکل ہی سے ملتی۔

ہندوستان میں اردو صحافت کی اس روایتی تصویر اور تصور میں مسلم متوسط طبقے کی تعداد کے تناسب میں اضافے کے باوجود تبدیلی کا عمل شروع نہ ہونے سے اردو اخبارات کے لیے پیچیدگیاں تو بہر حال بڑھی ہیں۔ تعلیم یافتہ مسلمان اب انگریزی اخبارات کی جانب مائل ہو رہے ہیں کیوں کہ اردو اخبارات کے مقابلے میں انگریزی اخبارات ان کے لیے ہر طرح سودمند ہیں۔ کم قیمت اور بالانشیں کے مصداق ان میں خبروں کے علاوہ روزگار اور ملازمتوں کے حصول اور تعلیمی مواقع سے متعلق ہر طرح کی معلومات آسانی سے اور بڑے پیمانے پر فراہم ہو جاتی ہیں۔ 'انڈیا ٹوڈے' کے منتظمین اور دوسرے کئی اعلا سطح کے اخبارات کے ارباب اختیار نے کئی مرتبہ یہ فیصلہ کیا کہ وہ اپنے رسائل و اخبارات کے اردو قالب بھی شائع کریں لیکن ہر مرتبہ اردو مدیران نے بے پناہ اتحاد کا ثبوت دیتے ہوئے منظّم سازش کے تحت اردو قارئین کی صورتِ حال کو مسخ کر کے ان کے منتظمین کے سامنے اس طرح پیش کرایا کہ انھیں ہر بار اپنا ارادہ تبدیل کرنا پڑا۔ اخبارات و جرائد شائع کرنے والے مقتدر اداروں کے ذمے داروں کو بے حد منظّم طریقے پر اردو اخبارات کے مالکان یہ باور کرانے میں کامیاب ہو گئے کہ ہندستان خصوصاً شمالی ہند کا مسلمان قومی پریس پر اعتماد کر ہی نہیں سکتا کیوں کہ اس کے خلقیے (Ethos) میں Anti-establishment عناصر ہی کی اجارہ داری ہے۔ نادانستہ طور پر رسولِ اکرم ﷺ کی تصویر کی اشاعت کے نتیجے میں اخبار کے منتظمین اور مدیر کی طرف سے غیر مشروط معافی نامہ اخبار کے دفتر کے باہر آویزاں کیے جانے کے باوجود مسلمانوں کی طرف سے 'دکن ہیرالڈ' کے دفتر کو نذرِ آتش کرنے کا واقعہ بار بار اس طرح مسخ

52
ہندوستان میں معاصر اردو صحافت

شدہ شکل میں پیش کیا گیا کہ بڑے اخباری خانوادوں کو اردو اخبارات و جرائد شائع نہ کرنے میں ہی عافیت معلوم ہوئی۔'انڈیا ٹوڈے' نے اپنے اردو قالب کی اشاعت کا ارادہ بہت تیاری کے بعد ایسی ہی افواہوں سے مغلوب ہو کر ترک کیا حالانکہ اگر قومی سطح کا کوئی رسالہ اپنا اردو قالب شائع کرنے کی کوشش کرتا تو اس کی کامیابی قطعاً مشکوک نہیں تھی کیوں کہ اردو پورے ملک میں پھیلے ہوئے مشرقِ وسطیٰ کے ممالک میں آباد ہندو پاکستان کے لاکھوں مسلمانوں کی تہذیبی شناخت کا موجودہ حالات میں واحد مظہر بن چکی ہے۔

زرد صحافت اور اردو

شاہد الاسلام

دہلی سے شائع ہونے والے اردو روزناموں کی اکثریت معیاری خبروں کی اشاعت سے زیادہ مسلمانوں کے مسئلے پر مبنی سنسنی خیز خبریں شائع کرنے میں زیادہ یقین رکھتی ہے، کیوں کہ قارئین کے ایک طبقے کے ذوق کی تسکین کا یہ بہترین ذریعہ ہے۔ مظلوم طبقوں کے حق میں آوازیں بلند کرنا اور ان کے جائز مطالبات کو منوانے کے لیے صحافتی اداروں کا سامنے آنا یقیناً ایک اچھی کوشش اس وقت قرار پا سکتی ہے جب ظالم طاقتوں کی حوصلہ شکنی مقصود ہو اور ساتھ ہی ساتھ حصول انصاف کے طلبگاروں کی مدد و اعانت کا جذبہ کارفرما ہو، لیکن دہلی کے اردو اخبارات کی اکثریت کا مزاج و انداز اور مطمح نظر یہ ظاہر نہیں کرتا کہ مخصوص طبقہ کے گرد طواف کرنے کی یہ کوشش مظلوموں کی اعانت سے متعلق ہے بلکہ اس کے برخلاف عمومی طور پر یہی تاثر اُبھرتا ہے کہ سنسنی خیزی برپا کرنے کی دانستہ و شعوری کوشش کی جا رہی ہے۔ اور ظاہر ہے کہ جب اس ضمن میں حد اعتدال کو عبور کرنے کی کوشش کی جائے گی اور صحافتی آداب کا خیال رکھنے سے کہیں زیادہ مخصوص طبقہ کے مفادات کو اُچھالنے کی سعی ہوگی تو فطری طور پر یہی پیغام پہنچے گا کہ زرد صحافت کہیں نہ کہیں اپنے وجود کا احساس دلا رہی ہے۔ زرد صحافت ہے کیا؟ اسے سمجھنے کے لیے آیئے ڈاکٹر ہمایوں اشرف کے مؤقف کا جائزہ لیں اور یہ دیکھیں کہ ان کی نگاہ میں اردو صحافت کس طرح زرد صحافت کی طرف رواں دواں ہے۔ ڈاکٹر ہمایوں اشرف لکھتے ہیں:

”یہ بھی ایک اٹل حقیقت ہے کہ اردو کی مریضانہ صحافت (Yellow Journalism) نے مسلمانوں کو شدید نقصان پہنچایا ہے اور ملک کی تعمیری و ترقیاتی سرگرمیوں سے کاٹ کر ان کو جذباتی سرگرمیوں پر اُکسایا ہے۔ اتنا شدید کسی دوسرے ذرائع نے نہیں کیا ہے۔ بلاشبہ اس ضمن میں ہمارے رہنماؤں کا رول بھی کم خطرناک نہیں رہا ہے۔... عصر حاضر میں صحافت کا نصب العین ملک کے اتحاد و سالمیت کا تحفظ اور سماج میں محبت

اور یگانگت، میل جول، بھائی چارہ، سیکولرازم اور رواداری کے جذبات کو مستحکم بنانا ہونا چاہیے۔ صحافت کے ذریعہ اخلاقی اقدار کا فروغ اور کردار کی تعمیر ضروری ہے۔ موجودہ حالات میں سنسنی خیز صحافت کے مضمرات کو سمجھنا چاہیے اور قلم کو بلیک میل کا ذریعہ بننے نہیں دینا چاہیے، کیوں کہ ایسا کرنا قلم کی طاقت کا ناجائز استعمال کے مترادف ہوگا۔ ہمارے صحافی حضرات اور اخبارات کے فرائض میں یہ بھی شامل ہے کہ وہ ایسا کوئی مواد قلمبند یا شائع نہ کریں جس سے سماجی رشتے متزلزل ہوں، فرقہ وارانہ ہم آہنگی کو نقصان پہنچے اور ملک کی خودمختاری اور اس کی سالمیت پر حرف آئے یا ملکی وسماجی تعمیر و ترقی متاثر ہو۔ یہ حقیقت ہے کہ آج صحافت ایک صنعت یعنی کاروباری شکل اختیار کر چکی ہے لیکن اس کے باوجود آج بھی ملک اور سماج کی ترقی کا ایک موثر ذریعہ ہے، اس کا اپنا ایک دائرہ ہے، کچھ بنیادی ضابطہ اور بنیادی اصول ہیں۔ اس لیے ضروری ہے کہ وہ ان اصولوں کو دیانت داری کے ساتھ پابندی کرتے ہوئے ملک وقوم کی رہنمائی کا اہم فریضہ انجام دیں۔'' ('راشٹریہ سہارا'، 11 مئی 2006)

ممتاز صحافی ظ۔ انصاری نے صحافت کے مزاج کی تشکیل کا احاطہ کرتے ہوئے بالکل صحیح لکھا ہے کہ کسی زبان کی صحافت کا مزاج چار خلطوں سے ترتیب پاتا ہے: (1) خود اس زبان کا عمومی مزاج (2) پڑھنے والوں کا طبقہ، گروہ اور تہذیبی معیار (3) وہ مادی اور ذہنی حالات جن میں کسی زبان کی صحافت پروان چڑھی ہو (4) ادارے کا منشا۔

بہ نظر غائر دہلی کی اردو صحافت کو دیکھنے اور ان چاروں اجزائے لازمہ کو پیش نظر رکھ کر یہاں کے اخبارات کا جائزہ لینے کے بعد یہ بات سامنے آتی ہے کہ دہلی کی عصری اردو صحافت کا خمیر مذکورہ چار خلطوں پر اٹھا ہے۔ زبان کی سطح پر اردو کی حالت چونکہ بہت زیادہ فرحت وانبساط کا پیغام نہیں دیتی، لہٰذا صحافت کی نشوونما میں اس کا اثر فطری طور پر نمایاں ہے۔ دہلی کے اردو اخبارات کے قارئین کی اکثریت مدرسہ کے فارغین پر مشتمل ہے جو مختلف اداروں سے ملازمتی انسلاک کے باعث بیرون دہلی سے یہاں آکر اقامت پذیر ہیں یا اعلیٰ تعلیمی اداروں میں داخلہ حاصل کرتے ہوئے عصری تعلیم سے سروکار بڑھا رہے ہیں، لہٰذا ان کے جذبات واحساسات کا خیال رکھنا اور ان کے علمی مذاق کو پیش نظر رکھ کر اخبارات کے صفحات کو ترتیب دینا ذمہ داران اخبار کی پہلی کوشش ہوتی ہے۔ یہی وجہ ہے کہ دہلی سے شائع ہونے والے روزناموں میں ملّی تنظیموں کی خبریں دیگر تمام خبروں سے زیادہ نمایاں اہمیت کے ساتھ شائع کی جاتی ہیں۔ اگر ایک طرف 'پیڈ نیوز' کی صورت میں شائع ہونے والی ان خبروں سے اخباروں کی کفالت یا مدیران اخبارات کے ذاتی مفادات کا حصول ممکن ہوجاتا ہے تو دوسری طرف ایسی خبروں کو مخصوص دائرے میں پذیرائی بھی حاصل ہوتی ہے۔ اس کا ایک بڑا فائدہ یہ بھی ہوتا ہے کہ اخبارات کے ذمہ داران بالخصوص ایسی ملّی تنظیموں کے ذریعہ منعقد کی جانے والی تقاریب میں بطور مہمان ذی وقار مدعو کیے جاتے ہیں جہاں اخبار کے مدیران یا مالکان کو بہ آسانی ایک 'عوامی پلیٹ فارم' بغیر کسی محنت کے حاصل ہوجایا کرتا ہے۔ گوکہ اس قسم کی پیش رفت سے اخبارات میں معیاری گراوٹ نمایاں طور پر جھلکتی ہے، تاہم یہ اس وجہ سے قابل قبول ہوچلا ہے کہ حکومت کی سطح پر یا عام معاشرے میں اردو روزناموں کو کوئی اہمیت حاصل نہیں رہی ہے،

لہٰذا اخباری کاروبار سے وابستہ شخصیتیں ملّی تنظیموں اور مسلم قائدین کے دوش بدوش قدم سے قدم ملا کر چلنا اپنے اخبار کے وجود کی بقا کے لیے ضروری سمجھتی ہیں۔

حال کے دنوں میں صحافتی بدعت کی ایک نئی قسم یہ بھی دریافت کرلی گئی ہے کہ مخصوص حلقے سے 'حق نمک' ادا کرنے والے صحافیوں کو عوامی تقاریب میں انعام واکرام سے نوازا جائے تاکہ ان کا حوصلہ بلند رہے اور وہ مستقبل میں مزید ایمانداری کے ساتھ اپنی اس روش پر قائم رہ سکیں۔اس صورت حال کا نتیجہ یہ برآمد ہورہا ہے کہ دہلی کی اردو صحافت میں گندم نما جوفروشوں کی تعداد خوفناک حد تک بڑھتی جارہی ہے اور 'من ترا حاجی بگویم تُو مرا حاجی بگو' کے نظریے اور طریقۂ کار کو فروغ دینے کی وجہ سے اچھی اور سچی خبروں کی ترسیل عنقا ہوتی جارہی ہے۔صورت حال اس وقت مزید مضحکہ خیز ہوجاتی ہے، جب اس روش پر قائم رہنے والے دہلی کے اردو اخبارات خود اردو زبان وادب کے ساتھ بھی انصاف پسند سلوک اختیار نہیں کرپاتے اور نتیجہ کے طور پر اردو کے ممتاز دانشور اور قلمکار بھی زیادتی کے شکار بن جاتے ہیں۔اس کی مثال اردو کے معروف شاعر مخمور سعیدی ہیں جن کی رحلت کی خبر کو بھی دہلی کے اردو اخبارات نے شائع کرنے میں بخل سے کام لیا۔روزنامہ 'صحافت' میں شاعر مذکور کے انتقال کی کوئی خبر ہی شائع نہیں کی گئی جب کہ روزنامہ 'راشٹریہ سہارا' نے محض دو کالم پر مشتمل خبر شائع کی۔اب سے قبل تک اردو کے دانشوروں کے درمیان یہ تاثر قائم تھا کہ اردو اخبارات اردو والوں کی خبریں شائع کرنے میں بڑے فراخ دل واقع ہوا کرتے ہیں، لیکن مرحوم مخمور سعیدی کے ساتھ روزنامہ 'صحافت' کی زیادتی اور روزنامہ 'راشٹریہ سہارا' کی بخیلی نے اس خیال کی نفی کردی کہ اردو اخبارات میں اردو زبان وادب کے ساتھ نہایت ایماندارانہ سلوک اختیار کیا جاتا ہے۔دہلی کے متذکرہ بالا روزناموں کی یہ اردو کشی یا تنگ نظری بجائے خود اس بات کے اعلامیہ سے کم نہیں کہ اردو اخبارات کی ترجیحات میں خود 'اہل اردو' بھی شامل نہیں۔ایک ایسی محترم شخصیت کی رحلت ہو جو نہ صرف شاعری کا بڑا نام ہو بلکہ اپنی زندگی کے کم وبیش 30 سال کا طویل عرصہ اردو صحافت کی وادی میں بھی گزار چکا ہو، جب وہ سفر عدم کو روانہ ہوجائے تو اس کی خبر شائع کرتے ہوئے ناانصافی اور بے اعتنائی کو راہ دی جائے۔ظاہر ہے کہ ایسی صورت حال کے درمیان اردو اخبارات کے مالکان کے کسی بھی جواز کو قابل تسلیم گرداننے کی کوئی وجہ سمجھ میں نہیں آتی۔

اردو صحافت کے مزاج کی تشکیل میں مادی اور فکری قلاشی کا خاصا عمل دخل نظر آتا ہے۔اردو اخبارات کے مشاہدین کی اس رائے سے اب اتفاق نہ کرنے کی کوئی وجہ سمجھ میں نہیں آتی کہ دہلی کی عصری اردو صحافت کی ترجیحات میں ذاتی منفعت کے حصول کی کوشش زیادہ کارفرما ہے، صحافتی تقاضوں کو برتنا اور خود اردو زبان وادب کے ساتھ بھی کم ازکم شریفانہ سلوک روا رکھنا وغیرہ ذیلی درجہ کی چیزیں ہیں۔اردو اخبارات میں شامل اشاعت ہونے والی ادبی ونیم ادبی خبروں، تجزیوں، تبصروں اور مضامین وغیرہ کا تعلق صحافتی قدروں کو تندرستی اور توانائی بخشنے سے عبارت نہیں ہے بلکہ اس کا براہ راست مقصد مخصوص ادبی گروہ، شخصیت یا ادارے کی مدح سرائی اور قصیدہ خوانی کے ذریعہ مادی فائدے حاصل کرنا ہے۔اردو اخبارات کے مشاہدین کے اس استدلال کو مسترد کرنے کی کوئی گنجائش نظر نہیں

آتی کہ اردو صحافت فی الوقت غیر اخلاقی طریقوں سے منفعت کے حصول کا بہترین ذریعہ بن کر رہ گئی ہے۔اس سلسلے کی مزید وضاحت سہ ماہی 'ادب ساز' کے سیمینار بعنوان 'اردو صحافت: کل اور آج' سے کچھ یوں ہوتی ہے:

''اردو اخبارات میں Commissioned Articles کی اشاعت کا تو قصور ہی نہیں ہے... اس کے برعکس غیر جانب دار مسلم دانشوروں کے خلاف اردو اخبارات مسلسل زہر افشانی کرتے رہتے ہیں۔ دانشوروں کے مضامین کی اشاعت اردو اخبارات میں ممکن ہی نہیں، کیوں کہ یہ تو قارئین کو اندھیرے اور اجالے کے فرق سے عملاً روشناس کرادے گی۔ اسی طرح مدیر کے عہدے پر بھی خود اخبارات کے مالکان ہی قابض ہیں جن کی اکثریت آج اخبار کے پست معیار کے باوجود معاشی طور پر بے حد آسودہ اور متمول لوگوں پر مشتمل ہے۔ یہ وہ لوگ ہیں جو اخبار کے اجرا کے وقت دو وقت کی روٹی کے لیے محتاج تھے اور ان کی عملی صلاحیت جس درجے کی ہے، اس کی بنیاد پر انھیں کسی دفتر میں اَپر ڈویژن کلرک کی جگہ بھی مشکل ہی سے ملتی۔ ('ادب ساز'، شمارہ 7-6، ص 18)

یہ ایک ناقابل تردید سچائی ہے کہ اکیسویں صدی کے تقاضوں سے دہلی کی اردو صحافت نے خود کو آراستہ کرنے کی بعض کوششیں کی ہیں لیکن یہ کوشش یک رخی ہے جس کا تعلق اخبارات کے ظاہری آؤٹ لک کو کسی حد تک درست کرنے سے متعلق ہے۔ یک رنگی اور سپاٹ خبر نویسی کی روایت کو خیر باد کہہ کر دیدہ زیبی کو گلے لگا لیے جانے کے باوجود فکری جمود ٹوٹنے کا نام نہیں لے رہا ہے۔اس کی وجہ سے دہلی کے بیشتر روزناموں میں تازگی اور توانائی بھی یک رخی طور پر ہی دیکھنے کو ملتی ہے۔خبروں کی ترسیل میں فرسودہ خیالات کا اظہار یہ آج بھی عام سی بات ہے۔ مضامین میں موضوعاتی جدت بے شک تازگی کا احساس دلاتی ہے لیکن یہ سطح بھی موضوعاتی سطح تک ہی محدود ہے۔ موضوعات کو برتتے ہوئے تجزیوں اور تبصروں کا اندازہ آہنگ ماضی میں جینے کا ہی احساس دلاتا ہے۔ مادی تقاضوں کا خیال رکھنا اور صحافتی تقاضوں کو 'خدا حافظ' کہنا اردو صحافت کے لیے عام سی بات ہو چکی ہے۔ اطلاعاتی کرشمہ سازیوں کے درمیان گو کہ دہلی میں اردو کے روزنامہ اخبارات کاغذی طور پر اپنا دائرہ مسلسل بڑھاتے جارہے ہیں لیکن نئی تکنیک سے استفادہ کے باوجود شمیم طارق کے لفظوں میں 'طرز کہن' سے مرعوب رہنے کی عادت یا بیماری سے اردو ذرائع ابلاغ نجات حاصل نہیں کرسکا ہے۔ساری توانائی صرف اس بات پر لگانا اخبارات کا عام وطیرہ ہے کہ انھیں مذہبی حلقوں میں کیسے محبوب نظر گردانا جائے۔اس کی خاطر سنجیدگی اور متانت کو حاشیے پر پہنچا دینا اور احتجاج و اشتعال کو گلے لگا لینا اس طرح روا ہے کہ بعض اوقات قارئین کے لیے یہ فیصلہ کرنا بھی دشوار ہو جاتا ہے کہ یہ اخبارات ہیں یا مذہبی اداروں کے ترجمان؟ بلا تخصیص اس روش کو اختیار کرنے میں وہ صحافتی ادارے بھی پیچھے نہیں جو کارپوریٹ کہلانے کے خبط میں مبتلا ہیں۔فرقہ وارانہ فسادات کے مواقع ہوں یا دہشت گردانہ حملوں کے موسم، اردو کے اخبارات کو یہ فکر ہمیشہ دامن گیر ہوتی ہے کہ اقلیتوں بالخصوص مسلمانوں کے جذبات کو کیسے برانگیختگی بخشی جائے؟ بعض اوقات قومی سلامتی کے امور میں ایسی جارحیت بھی دکھائی دینے لگتی ہے جس سے بادی النظر میں یہ گمان گزرنے لگتا ہے کہ قومی دارالحکومت دہلی سے شائع ہونے والے اردو اخبارات کو قومی سلامتی کے تقاضوں کا بھی خیال

نہیں۔حالاں کہ یہ بھی اٹل سچائی ہے کہ اردو اخبارات تمام تر نقائص و معائب کے باوجود حب الوطنی کے جذبوں سے معمور ہیں اور ذمہ داران اخبار کی یہ کوشش بھی ہوا کرتی ہے کہ وہ وطن دوستی پر کسی طرح کے سوالات قائم نہ ہونے دیں؛ لیکن جب یہ اخبارات ملت اسلامیہ ہند کی ترجمانی کرنے لگتے ہیں تو اخباری تقاضے کو ایسے مواقع پر پس پشت ڈال دیا جاتا ہے اور اس کی جگہ جذبات نگاری کچھ ایسی غالب آجاتی ہے جس سے کچھ دیر کے لیے یہ گمان گزرنے لگتا ہے کہ قومی سلامتی اور وطن دوستی جیسے نازک اور حساس امور میں بھی اردو اخبارات سنجیدہ نہیں۔

یہ صورت حال بعض اوقات اس وجہ سے بھی پیش آتی ہے کہ دہلی کے بیشتر اردو روزنامے تواتر کے ساتھ پاکستانی اخبارات کی خبریں اور مضامین وغیرہ سرقہ کرنے کے عادی ہیں۔ چونکہ ویب سائٹ پر دستیاب یہ اخباری مواد بآسانی اِن پیج میں منتقل ہوجاتا ہے، لہٰذا کم وقت میں بغیر کسی سرمائے کے معیاری خبروں کی قارئین تک ترسیل کو یقینی بنانے کی کوشش کی جاتی ہے۔ اگرچہ کاپی رائٹ ایکٹ کی یہ صریح خلاف ورزی ہے کہ بغیر کسی حوالے کے کسی شائع شدہ مواد کا استعمال کیا جائے لیکن اس کے باوجود بڑی بے شرمی کے ساتھ 'چوری' کو رواج دیا جارہا ہے۔ صحافتی بددیانتی کو راہ دینے کی یہ کوشش اس وقت 'وطن سے غداری' کا موجب بھی بن جایا کرتی ہے جب پاکستانی اخبارات اپنے قومی مفادات کو پیش نظر رکھ کر بالخصوص کشمیر کے مسئلے پر خبریں شائع کرتے ہیں اور پھر سرقہ کی صورت میں ایسی خبروں کو متعدد روزنامہ اخبارات اپنے صفحات میں بغیر نظر ثانی اور ایڈیٹنگ کے شائع کردیا کرتے ہیں۔

سرقہ کے ذریعہ ایسی خبروں کی اشاعت کے علاوہ پاکستانی اخبارات میں متواتر شائع ہونے والے مضامین کی چوری سے بھی بعض اوقات اردو اخبارات کی بوالعجبی ظاہر ہوتی رہتی ہے۔ اس ضمن میں دہلی سے شائع ہونے والا کوئی بھی اخبار اچھوتا نہیں ہے جو مختلف پاکستانی ویب سائٹس سے مضامین سرقہ نہ کرتا ہو۔ حد تو یہ ہے کہ کارپوریٹ گھرانہ سے تعلق رکھنے والے اخبارات 'راشٹریہ سہارا' اور 'انقلاب' میں بھی سرقہ پر مبنی مواد کی اشاعت وقتاً فوقتاً عمل میں آتی ہے، البتہ یہ دونوں ہی اخبارات پاکستانی اخبارات سے مواد سرقہ کرنے کے معاملہ میں محتاط نظر آتے ہیں۔ لیکن اس کے برخلاف انفرادی کوششوں کے تحت منظر عام پر آنے والے اخبارات کی اکثریت سرقہ کے معاملہ میں فراخ دل ہے اور یہ فراخ دلی بسا اوقات مضحکہ خیز شکل میں سامنے بھی آتی رہی ہے۔ البتہ ذمہ داران اخبارات کے لیے یہ کوششیں صحافتی بددیانتی قرار نہیں پاتیں اور نتیجتاً اخباری صفحات میں بسا اوقات پاکستانی صاحبان قلم کی تحریریں بلا حوالہ نذر قارئین کردی جاتی ہیں۔ دہلی کے کچھ اخبارات تو اس معاملہ میں اتنے دریادل ہیں کہ ان کا مکمل ایک صفحہ پاکستانی اخبارات میں شائع شدہ مضامین کے گلدستہ کی شکل میں سامنے آتا ہے۔ اس ضمن میں بطور خاص روزنامہ 'جدید خبر' کا نام لیا جاسکتا ہے جو صفحہ 6 پر مستقل پاکستانی اخبارات میں شائع مضامین کو نقل کرتا ہے۔ البتہ حال کے دنوں میں اخبار نے سرقہ کے الزام سے بچنے کے لیے مضامین کا حوالہ دینا شروع کردیا ہے لیکن اس بات کی ضمانت نہیں دی جاسکتی کہ تمام مواد کے ساتھ حوالہ شائع کیا جائے۔

[بشکریہ 'دہلی میں عصری اردو صحافت'، ایجوکیشنل پبلشنگ ہاؤس، دہلی، 2016]

اردو صحافت کی علاحدہ دنیا

شاہد الاسلام

ہم عصر اردو صحافت کی دنیا عام صحافتی دنیا سے یکسر مختلف ہے۔ مختلف وسائل و مشکلات میں گھری اردو صحافت درحقیقت صحافت کے نام پر صفحات سیاہ کر رہی ہے، جب کہ یہ بھی ایک تلخ حقیقت ہے کہ صحافت کے بنیادی اصولوں، آداب اور اقدار کی پاسداری نہیں ہو پا رہی ہے۔ صحافت کا یہ بنیادی تقاضا ہے کہ اطلاعات و معلومات کو کسی ملمع کاری کے بغیر نذر قارئین کیا جائے۔ اس کے برعکس ہم عصر اردو صحافت مخصوص نہج پر گامزن ہے۔ ہر مسئلے پر اظہار خیال کے دوران مذہبی چشمہ کے استعمال کو لازم جان لیا گیا ہے۔ اس سے بادیٔ النظر میں یہی گمان گزرتا ہے کہ اردو صحافت خاص طبقے کی ترجمانی کر رہی ہے۔ یہی وجہ ہے کہ اردو صحافت پر تنگ نظری کا الزام عائد کیا جاتا رہا ہے۔ صحافتی نقطۂ نگاہ سے ہم عصر صحافت کا یہ سکہ بند نظریہ کیا درست ہے؟ اس سوال پر گہرے اختلافات ہیں۔ صحافت کے پیشے سے وابستہ بعض روشن خیال ناقدین کی نگاہ میں 'اردو پریس' کا یہ منہاج صحافتی اقدار و آداب کے منافی ہے جب کہ اردو صحافت کے آئمہ اس خیال کو درست نہیں گردانتے۔ دو متضاد خیالات کے درمیان مقام غور یہ ہے کہ 'اردو پریس' اور 'قومی پریس' کے تقاضے کیا ایک جیسے ہونے چاہئیں یا پھر ان کے درمیان کسی طرح کے فرق کی گنجائش بھی ہے؟ جذباتی مسئلوں کے گرد طواف کرنے کی برسوں پرانی اردو صحافت کی روش کو ہدف تنقید بناتے ہوئے ممتاز صحافی قربان علی کہتے ہیں:

''اردو صحافت دراصل قدامت پرستی میں مبتلا ہے۔ مخصوص نظریے کی ترویج و اشاعت کا سلسلہ برسوں پرانا ہے۔ خصوصی طور پر فسادات سے متعلقہ خبروں کو بڑھا چڑھا کر پیش کر دینا عام سی بات ہے۔ ملیانہ اور ہاشم پورہ کے واقعات میں میرا ذاتی تجربہ ہے کہ اردو کا کوئی رپورٹر جائے واقعہ پر نہیں پہنچا لیکن دوسروں کی رپورٹیں نمایاں طریقے سے چھاپی گئیں۔ دہلی اور شمالی ہند کے بیشتر اردو اخبارات ایسا کرتے رہے ہیں۔ ان کے پاس خبروں کی

تصدیق کے ذرائع نہیں ہوتے، نتیجتاً غیر مصدقہ خبروں کو (جس کی صحت کا خود انھیں بھی علم نہیں) کہیں سے بھی اٹھا کر چھاپ دینا ان کے لیے کوئی نئی بات نہیں ہے۔ سرقہ کے ذریعہ دوسرے اخبارات کی رپورٹیں شائع کرنے کی حرکتیں اردو کی اخباری صحافت کا گویا ایک طرح کا وطیرہ کہلا سکتی ہیں۔ اردو صحافت سے وابستہ افراد کی علمی استعداد نہایت کم ہوتی ہیں۔ اردو کا صحافی بالعموم کنویں کا مینڈک ہوتا ہے، جاننے کی کوشش نہیں کرتا۔ اس میں کچھ جاننے کا تجسس بھی نہیں ہوتا۔ حالاں کہ اب تو انٹرنیٹ کا زمانہ ہے... ہوسکتا ہے کہ اب نئی نسل میں سے کچھ لوگ ایسے ہوں جو کچھ منفرد کر رہے ہوں، حالاں کہ میری نگاہ سے کوئی ایسی چیز نہیں گزری ہے جس کی بنیاد پر یہ کہہ سکوں کہ فلاں اخبار یا فلاں جرنلسٹ ایسا ہے جس کا نام خصوصی اہمیت کا حامل ہے۔ میں نے پچھلے دس سالوں میں (بطور خاص) یہ دیکھا ہے کہ اردو اخبارات کی باڑھ سی آ گئی ہے۔ مجھے نہیں معلوم کہ اس کے پیچھے راز کیا ہے؟... ہم عصر صحافت اور اردو صحافت کے درمیان کم از کم 25 برسوں کا فاصلہ ہے۔ یہ مسافت زیادہ بھی ہوسکتی ہیں۔ نئی تکنیک آ گئی۔ نئی سہولتیں دستیاب ہوگئیں لیکن ہم یہ دیکھتے ہیں کہ اردو اخبارات کی فکر بڑی دقیانوسی ہے۔ اس میں کوئی خاص تبدیلی نہیں آ سکی ہے۔ ہر اخبار یا براڈ کاسٹنگ کمپنی کا اپنا ایک ٹارگٹ ایریا ہوتا ہے۔ اردو والے اس کا بھی لحاظ نہیں رکھتے۔ اگر کچھ دیر کے لیے ہم یہ بھی مان لیں کہ اردو صرف مسلمانوں کی زبان ہے اور مسلمان ہی اردو اخبارات پڑھتے ہیں تو اس میں بھی کیٹگری ہونی چاہیے کہ آپ بزرگوں کے لیے کیا دے رہے ہیں؟ خواتین کے لیے کیا شائع کر رہے ہیں؟ بچوں کے لیے کیا چھاپ رہے ہیں؟ ان باتوں پر ذرا بھی توجہ نہیں ہے۔... ہاں اور یہ لوگ جو رونا روتے ہیں کہ ہماری ثقافت ختم ہوگئی، تو ہم یہ بتا دیں کہ ثقافت کے نام پر اردو صحافت میں ایک لفظ نہیں آتا۔ اگر پچھلے ایک ہزار برس کی (نام نہاد) مسلم حکمرانی کو ہی لے لیں اور اسی کے ہر پہلو کو اجاگر کریں تو ایک بات ہے لیکن آپ دیکھیں کہ فن تعمیر کے نام پر آپ کو اردو اخبار میں کبھی کچھ نہیں ملے گا۔ تاج محل ایک شاہکار ہے، یہ تو بتائیں گے لیکن تاج محل کیسے بنا؟ آج تک میں نے کسی اردو اخبار میں اس کی تاریخ نہیں پڑھی... شیر شاہ سوری کے دور میں ڈاک کا نظام کیسے قائم ہوا؟ سرائے کیسے بنی؟ اس کے پیچھے مقصد کیا تھا؟ اردو اخبارات نے قارئین کو کبھی یہ باتیں نہیں بتائیں۔ تاریخ میں مسلمانوں کا کیا کردار رہا؟ کتنے اردو اخبار والے ہیں جو یہ بتا سکتے ہیں کہ دور مغلیہ میں کون کون تاریخ داں تھے؟ تاریخ فیروز شاہی کس نے لکھی؟ مبارک شاہی کس نے لکھی؟ یہ باتیں بھی اردو قارئین کو بتائی جا سکتی ہیں لیکن میں نے تو کم از کم کبھی ایسی معلومات فراہم کراتے ہوئے کبھی اردو اخبارات کو نہیں دیکھا۔ بس اشتعال پھیلانا اور یہ شور مچانا کہ ظلم ہو رہا ہے، مسلمان مارے جا رہے ہیں، اردو اخبارات کا عام مزاج ہے۔ جو ایک ماڈرن سوسائٹی کا آؤٹ لک ہونا چاہیے، اس سے 'اردو پریس' کوسوں دور ہے۔ اردو زبان ہی ختم ہوتی جا رہی ہے۔ آزادی کے بعد تین ایسی نسلیں سامنے آ چکی ہیں جو اردو سے ناواقف ہیں۔ لہٰذا اردو صحافت بھی جمود کی راہ پر گامزن ہے۔ اردو صحافت سے وابستہ شخصیات نے یہ طے کر لیا ہے کہ وہ اندر روشن خیالی نہیں لائیں گے، لہٰذا اردو پریس کے مزاج اور منہاج کو تبدیل کیا جانا مشکل ہے، بلکہ اب کسی حد تک ناممکن بھی ہے۔" (1)

قربان علی کا لہجہ اگر چہ خاصا درشت ہے، تاہم ان کی نگاہ میں اردو اخبارات کا رویہ تبدیل ہونے والا بھی نہیں ہے۔ ہم یہ بھی دیکھتے ہیں کہ انھوں نے 'سکہ بند' خیالات کے بجائے روشن خیالی پیدا کرنے اور نئے معاشرتی تقاضوں کا خیال رکھنے کا جو مشورہ دیا ہے، وہ کہیں سے بھی نامناسب نہیں ہے۔ صحافت محض اس کا نام نہیں کہ صرف خبریں دے دی جائیں اور بس! بلکہ آج کی صحافت تو یہ ہے کہ معلومات کی فراہمی کے ساتھ ساتھ جمالیاتی ذوق کی تکمیل کی بھی پوری پوری گنجائش نکالی جائے۔ اس کے لیے یہ ناگزیر ہے کہ اردو صحافت اپنے گرد قائم کردی خود ساختہ حصار کو بلا تاخیر توڑے اور ہمہ گیری سے خود کو متصف کرے تاکہ جو اردو خواں آبادی موجود ہے، اس کے ذوق کا سامان اردو اخبارات میں نکل آئے اور وہ اخبار بینی کے اپنے مذاق کی بقا کے لیے دوسری زبان کے لیے اخبارات کا سہارا لینے پر مجبور نہ ہو۔

ایسی صورت میں اہم سوال یہ بھی ہے کہ اردو صحافت اپنی کمیونٹی کا خیال رکھتے ہوئے کس نہج پر ترجیحات کا تعین کرے؟ کیا 'قومی صحافت' کی ترجیحات سے اردو صحافت کی ترجیحات کسی بھی طور مختلف ہونی چاہئیں؟ اخباری صحافت کو فروغ دیتے ہوئے مذہبی وابستگی، لسانی تقاضے اور مخصوص قسم کے افکار و خیالات کی ترجمانی ضروری ہے؟ اس سلسلے میں ڈاکٹر ہمایوں اشرف رقم طراز ہیں:

''ہم عصر اردو صحافت کی ذمہ داریاں کچھ زیادہ ہیں۔ ملک میں اقلیت ہمیشہ اس سے خائف رہتی ہے کہ کہیں اکثریت انھیں دبا نہ لے۔ چنانچہ ہمارے ملک میں بھی ایسی ہی آوازیں سنائی دیتی ہیں جن سے اندازہ ہوتا ہے کہ اقلیت کو بہت سی شکایتیں ہیں۔ یہ اردو اقلیت اور اکثریت کے بیچ کی ایک کڑی ہے، لہٰذا اردو صحافت کو دونوں سمتوں پر یکساں نظر رکھنی ہے۔ اقلیت کے حالات و مسائل کو منعکس کرنا اردو صحافت کی ذمہ داری ہے۔ اسی طرح ملک و قوم کی جہت سے عوام کو آشنا کرانا بھی اردو صحافت کی ذمہ داریوں میں شامل ہے۔ یہ اردو صحافت کا فرض ہے کہ اقلیتی آبادی کی تمام تر رنجشوں، بددلیوں اور شکایتوں کی تفتیش کر کے عوام کے سامنے پیش کرے۔ اسی طرح اردو صحافت کی یہ بھی ذمہ داری ہے کہ ملک و قوم کی ترقیاتی کارروائیوں کی اقلیت کے سامنے صحیح تصویر کشی کرے اور ان میں کسی طرح کی غلط فہمی کو اُبھرنے نہ دے۔ رنجشوں اور شکایتوں کو بڑھا چڑھا کر پیش کرنا اور لوگوں میں اشتعال پیدا کرنا صحافت کا صحیح مقصد نہیں، بلکہ ہونا یہ ہے کہ ٹھنڈے دل سے واقعات و حالات کا جائزہ لے کر عوام کی رہنمائی کی جائے۔''(2)

'صحافت کی غرض و غایت' کی روشنی میں جب ہم دہلی کی اردو صحافت کا جائزہ لیتے ہیں تو یہ حقیقت ابھر کر سامنے آتی ہے کہ تمام کے تمام اردو روزنامے اقلیتی طبقہ کے مسائل کا احاطہ کر رہے ہیں، البتہ اس معاملہ میں ہمہ گیری کا شدید فقدان ہے۔ اردو کے اخبارات کو دیکھ کر صرف یہی تاثر اُبھرتا ہے کہ اس جمہوری ملک میں ہندوستانی مسلمانوں کو ہر معاملہ میں ظلم و جبر کا شکار بنایا جاتا رہا ہے۔ گویا اقلیتوں بالفاظ دیگر ہندوستانی مسلمانوں کی شکایات کے مجموعہ کی صورت میں اردو صحافت اپنی صحت بڑھا رہی ہے اور تعمیری یا مثبت افکار و

خیالات کی تبلیغ و تشہیر میں اسے کوئی دلچسپی نہیں ہے۔ ہندوستانی مسلمانوں کے مسائل کا یک رخی انداز میں تجزیہ کرنا اوراس کی روشنی میں کوئی نتیجہ اخذ کر لینا دہلی کے اردو اخبارات کا عام مزاج ہے۔

ہندوستانی مسلمانوں پر ہونے والے مختلف قسم کے حملوں یا مظالم کے تعلق سے اردو اخبارات کا بالعموم دفاعی کردار مسلّم ہے۔ یہ اخبارات بلا جھجک مسلمانوں پر ہونے والے فکری، نظریاتی اور حربی یلغار کے حوالے سے مدافعت کی خاطر میدان میں کود پڑتے ہیں۔ اس مدافعانہ کردار کو پیش کرنے کا ہی یہ شاخسانہ ہے کہ ہمہ گیری کیجگہ یک رخی فکر غالب آجاتی ہے اور یہ نظریہ شدت کے ساتھ ابھرتا ہے کہ اقلیتوں بالخصوص مسلمانوں پر ظلم واستبداد کے معاملات میں بطور خاص اردو صحافت 'قیادت' کا فریضہ بھی انجام دے رہی ہے۔ نتیجتاً صحافتی سنجیدگی غائب ہوجاتی ہے اور مذہبی وابستگی اردو صحافت پر اس حد تک غالب آجاتی ہے کہ یہ فیصلہ کرنا بعض اوقات مشکل ہوجاتا ہے کہ اردو صحافت اپنے طرز عمل سے صحافیانہ کردار ادا کر رہی ہے یا قائدانہ رول نبھا رہی ہے؟ اگر قیادت بھی ہمہ جہت مسئلوں پر مبنی ہو اور قارئین کو جملہ معاملات میں رہنمائی بخشی جائے تو کچھ دیر کے لیے اسے 'تعمیری صحافت' کے ذیل میں رکھ کر اصلاحات کے پہلوؤں کی نشاندہی کی جاسکتی ہے۔ ہم یہ بھی دیکھتے ہیں کہ اردو صحافت محض جذباتی مسئلوں میں ہی 'قیادت' کا فریضہ انجام دینے کے لیے میدان میں کودتی ہے۔ اس کے برعکس لسانی و مذہبی اقلیت کے درمیان تعمیری و مثبت فکر کو فروغ دینے میں اردو صحافت مکمل طور پر ناکام ہے۔ مثلاً ایک لمبی مدت تک بڑی شدت سے اس بات کی تبلیغ کی گئی کہ جامعہ ملیہ اسلامیہ کے 'اقلیتی کردار' کو حکومت غصب کیے ہوئے ہے، جس کی وجہ سے مسلم طالب علموں کو جو مراعات یہاں حاصل ہوسکتی تھیں، ان سے انھیں محروم کیا جارہا ہے۔ بے شک یہ جائز مطالبہ تھا جو قانونی تنازعات میں تادیر الجھا رہا اور بالآخر اس معاملہ میں اقلیتی کردار کی بحالی عمل میں آگئی۔ لیکن اہم سوال یہ ہے کہ جس انداز میں یہ معاملہ برسوں اردو اخبارات کے لیے فکری غذا فراہم کراتا رہا اور جس انداز میں جامعہ ملیہ اسلامیہ کے اقلیتی کردار کا مسئلہ اردو اخبارات کی سرخیوں کی زینت بنتا رہا، وہ صحافتی نقطہ نظر سے کس حد تک مناسب تھا، یہ بھی دیکھا جانا چاہیے۔ خصوصاً اردو اخبارات کے نظریے اور انداز تحریر پر بعض گوشوں سے غیر سنجیدہ ہوجانے کا جو الزام عائد کیا جاتا رہا ہے، اس کو یہ معاملہ بھی کہیں نہ کہیں حق بجانب قرار دے جاتا ہے۔ اس کے ساتھ ہی تعلیم کی جانب اقلیتی طبقے کو راغب کرانے میں دہلی کے اردو اخبارات کس حد تک فراخ دل ہیں؟ یہ سوال بھی موضوع بحث ہے۔ بالعموم ہم یہ دیکھتے ہیں کہ جامعہ ملیہ اسلامیہ کے اقلیتی کردار کی بحالی کے حوالے سے جذباتی خبریں اور مضامین متواتر اردو اخبارات میں شائع کیے گئے۔ البتہ ہمارے سامنے ایسی کوئی مثال موجود نہیں جس میں اردو اخبارات نے طلبہ کی رہنمائی کرتے ہوئے کبھی یہ اطلاعات بھی فراہم کرائی ہو کہ جامعہ میں موجود کن کن کورسیز کی کیا کیا افادیت ہے؟ داخلہ جاتی کارروائیوں کا آغاز کب ہوتا ہے؟ کن شعبوں میں داخلہ لینے کے لیے طلبہ کو زیادہ مسابقت کی ضرورت درپیش ہے؟ طلبہ کیسے تیاریاں کریں؟ داخلہ پانے کے لیے تیاریوں کے طریقے کیا ہوں؟ کوچنگ کی سہولتیں کہاں دستیاب ہیں؟ مسابقت کے اس عہد میں سب سے زیادہ

کس کس کورس کی اہمیت ہے؟ کن شعبوں میں داخلے سے کریئر سنور سکتا ہے؟ یہ اور اس قسم کی دیگر اطلاعات کی فراہمی سے مخصوص طبقے کا بھلا ہوسکتا ہے، لیکن دہلی سے شائع ہونے والے تمام اردو اخبارات ایسا کوئی تعمیری کردار نہیں نبھا پا رہے ہیں۔ یہ ایک ایسی حقیقت ہے جسے جھٹلایا نہیں جاسکتا۔

اسی طرح 'اردو' پر ظلم وزیادتی کا کھلا اظہار مختلف طریقوں سے اردو اخبارات کرتے رہے ہیں، لیکن اردو کی حقیقی صورت حال اس وقت دہلی میں کیا ہے، قارئین کو یہ بتانے اردو اخبارات قاصر ہیں۔ دہلی کے کسی اردو روزنامہ بلکہ تمام اردو روزناموں کا مطالعہ کرلیجیے، پورے ایک سال کے اردو اخبارات کے جائزے کے بعد بھی یہ پتہ نہیں لگ سکے گا کہ دہلی میں بحیثیت مجموعی پرائمری اسکولوں کی کتنی تعداد ایسی ہے جہاں اردو کی تعلیم حاصل کرنے والے طلبہ موجود ہیں، مگر اساتذہ کا تقرر عمل میں نہیں آیا؟ کتنے اسکول اردو میڈیم کے ہیں جہاں ہندی میڈیم میں تعلیم دی جارہی ہے؟ اردو اخبارات کے قارئین کو اس کا بھی اندازہ نہیں ہوسکتا کیوں کہ ایسا کوئی گوشوارہ آج تک اردو اخبارات نے جاری کیا ہی نہیں جس سے دہلی میں اردو تعلیم کی حقیقی صورت حال کا کوئی اندازہ ہوسکے۔ البتہ وقتاً فوقتاً ایسی جذباتی تحریریں ضرور شائع کی جاتی رہی ہیں جن سے یہ تاثر ابھرتا ہے کہ دہلی میں اردو تعلیم کی حالت ناگفتہ بہ ہے اور وزارت تعلیم اس مسئلے پر عدم سنجیدگی کا اظہار کررہی ہے۔ اردو صحافت اگرچہ ایسے مسئلوں پر اقدامی کردار نبھا سکتی ہے لیکن اس سلسلے میں کہیں سے کوئی کوشش سر اٹھاتی نظر نہیں آتی۔ یہی وجہ ہے کہ لسانی و مذہبی اقلیتوں کی دہلی میں کیا صورت حال ہے؟ اس کا بھی کوئی اندازہ اردو اخبارات کو نہیں ہے۔ دہلی میں بحیثیت مجموعی اقلیتوں بالخصوص مسلمانوں کی کتنی کالونیاں ہیں؟ کن کالونیوں میں بنیادی سہولیات کا فقدان ہے؟ کہاں اسکولوں، اسپتالوں، ڈاک خانوں کا بندوبست نہیں ہے؟ کہاں بینکوں کا قیام نہیں ہوسکا ہے؟ اگر اس کی تفصیلات کوئی اردو اخبار پڑھ کر حاصل کرنا چاہے تو اسے یقیناً ناکامی ہی ہاتھ آئے گی، کیوں کہ ایسی معلوماتی خبروں کی اشاعت پر دہلی کے اردو اخبارات نے کبھی توجہ ہی نہیں دی۔

اس صورت حال کی روشنی میں یہ کہا جاسکتا ہے کہ موضوعاتی تنوع کا خیال رکھتے ہوئے اخباروں کے صفحات کو معلومات کا خزانہ بنانے کے بجائے چند مخصوص مسائل کا احاطہ کرنے میں ہی دہلی کی اردو صحافت عملاً یقین رکھتی رہی ہے جس کی بنا پر قارئین کی توقعات اور امنگوں کا لحاظ رکھنا اور ان کے صحافتی تقاضوں کو پورا کرپانا ممکن نہیں ہورہا ہے۔ اس مسئلے پر سنجیدہ غور وفکر کے عمل سے گزرتے ہوئے سہیل انجم لکھتے ہیں:

''اب سوال یہ ہے کہ اردو اخبارات اپنی کمیونٹی کے لیے کیا کرسکتے ہیں اور اس کی ضرورتوں کی تکمیل کے لیے کیا کچھ خدمات انجام دے سکتے ہیں؟ سب سے پہلے تو اس کی وضاحت ہونی چاہیے کہ کمیونٹی سے کیا مراد ہے؟ اردو کمیونٹی یا مسلم کمیونٹی؟ عموماً مسلم کمیونٹی ہی اردو کمیونٹی ہے۔ لہٰذا اخبارات کو چاہیے کہ وہ اس کمیونٹی کی اُمنگوں، آرزوؤں اور خواہشوں کی غیر جذباتی نمائندگی کریں۔ اس کمیونٹی کی امنگیں کیا ہیں؟ باعزت زندگی، مذہب کا تحفظ اور روزگار کی گارنٹی وغیرہ۔ اس سلسلے میں اردو اخبارات اہم رول ادا کرسکتے ہیں۔ اگر یہ چاہیں تو اپنی آواز

میں تاثیر پیدا کر سکتے ہیں۔ گوانتاناموبے میں قرآن شریف کی بے حرمتی کا واقعہ پوری دنیا کے مسلمانوں اور اردو کے اخبارات نے بیک آواز احتجاج کیا۔ گویا مذہب کے معاملے میں تمام سرحدیں منہدم ہوجاتی ہیں اور پوری دنیا کی مسلم کمیونٹی ایک ہوجاتی ہے۔ اردو اخبارات اس صورت حال سے فائدہ اٹھا سکتے ہیں اور اس کمیونٹی کو ایجوکیٹ بھی کر سکتے ہیں۔ مجموعی طور پر اردو اخبارات کسی حد تک روبہ زوال کمیونٹی کے روبہ زوال اخبارات ہیں۔ دونوں کو ایک دوسرے کے مسائل اور ضرورتوں کو سمجھنا ہوگا اور انھیں حل کرنے کی اپنے اندر صلاحیت پیدا کرنی ہوگی۔ جب تک دونوں ایک دوسرے کے ساتھ تعاون نہیں کریں گے، دونوں کے مسائل حل نہیں ہوں گے، خاص طور پر اردو صحافت کے مسائل۔'' (3)

سہیل انجم گو کہ اب دہلی میں اردو کی اخباری صحافت میں سرگرم نہیں ہیں لیکن انھیں اردو صحافت کے مزاج وانداز کا خوب اندازہ ہے۔ انھوں نے اس دشت کی سیاحی کے دوران 'اردو پریس' کی بے راہ روی کو دیکھا ہی نہیں ہے بلکہ بار بار انھوں نے معاشرہ کے تئیں اردو اخبارات کی ذمہ داریوں پر آئینہ صحافت کی توجہ بھی مبذول کرائی ہے۔ لہٰذا ہم یہ کہہ سکتے ہیں جس معروضی انداز میں انھوں نے اردو صحافت کی ترجیحات کا احاطہ کیا ہے، اگر اس پر آج بھی اردو اخبارات کے مالکان و مدیران توجہ دینے لگ جائیں تو انھیں کم از کم اپنی کمیونٹی میں تو ضرور وقار کی نگاہ سے دیکھا جائے گا اور اس طرح اردو اخبارات کو محدود دائرہ کار سے نکالنے کی گنجائش بھی خود بخود نکل آئے گی۔

حواشی:

1۔ انٹرویو، قربان علی، انڈیا نیوز، دہلی
2۔ 'صحافت کی غرض وغایت۔ اردو صحافت: مسائل و امکانات'، ایجوکیشنل پبلشنگ ہاؤس، دہلی
3۔ سہیل انجم، 'میڈیا روپ بہروپ'، ایجوکیشنل پبلشنگ ہاؤس، دہلی

[بشکریہ 'دہلی میں عصری اردو صحافت'، ایجوکیشنل پبلشنگ ہاؤس، دہلی، 2016]

کشمیری صحافت کی حالت زار

روہنی سنگھ

مئی (2022) کے مہینے میں جب ہندوستانی دارالحکومت نئی دہلی کی ایک عدالت نے جموں و کشمیر لبریشن فرنٹ (جے کے ایل ایف) کے رہنما محمد یاسین ملک کو عمر قید کی سزا سنائی تو اس کیس کی تفصیلات جاننے کے لیے میں نے سرینگر سے شائع ہونے والے اخبارات سے رجوع کیا۔ مگر یہ کیا؟ اکثر اخبارات نے بس مختصراً ایک یا دو کالم میں اس خبر کو شائع کیا تھا۔

اس سے بہتر کوریج تو دہلی کے اخبارات نے دی تھی اور ٹی وی چینلوں نے پرائم ٹائم پر اس پر خاصی بحث بھی کی تھی۔ میں نے سوچا، چلو اداریہ کے صفحات پر تو کچھ تفصیلات مل جائیں گی۔ ایک کثیر الاشاعت اردو روزنامہ کے ادارتی صفحات پر قارئین کو اس دن ٹکنالوجی کے اثرات اور پھل کھانے کے فوائد سے روشناس کروایا جا رہا تھا۔ یہ سب کچھ مجھے انتہائی عجیب سا لگا۔

میں نے پھر اخبارات کے آرکائیوز کو کھنگال کر تفصیلات نکالنے کی کوشش کی، تو اس پر بھی مایوسی ہاتھ لگی۔ ماضی میں اس موضوع پر شائع اسٹوریز بھی غائب تھیں۔

کشمیر میں پریس کی صورت حال کا اندازہ تو اسی دن لگ گیا تھا، جب پچھلے سال سرینگر کا پریس کلب بند کر دیا گیا تھا، مگر صورت حال اس قدر خراب ہے، اس کا وہم و گمان تک نہ تھا۔

جب میں نے سرینگر میں کام کرنے والے ایک صحافی دوست کو فون کیا، تو اس نے دل کھول کر قہقہہ لگا کر پوچھا کہ؛ دہلی کے ایک صحافی کو آخر آج اتنا وقت کیسے ملا کہ کشمیر کے صحافی کی خبر و خیریت دریافت کرے؟

اس صحافی نے کہا کہ وہ صحافت کو دفنانے پر مجبور ہو چکے ہیں اور بس حکومت کی ہاں میں ہاں ملا کر اپنا پیٹ پال رہے ہیں۔ ان کا کہنا تھا کہ سبھی اخبارات پر غیر اعلانیہ اور سخت سینسر شپ عائد ہے۔ اس حد تک کہ ان

اخبارات نے یاسین ملک کی عمر قید جیسی اہم خبر کو چھاپنے اور اس کو معقول جگہ دینے سے حتیٰ الامکان گریز کیا۔

ان اخبارات کا سرسری مطالعہ کرنے سے ہی معلوم ہوتا ہے کہ یا تو ان صحافتی اداروں نے خود کو سیلف سینسر کر رکھا ہے یا پھر کوئی نادیدہ ہاتھ انھیں صحیح رپورٹنگ کرنے سے روک رہا ہے۔

جب میں نے ایک اردو اخبار کے ایڈیٹر سے بات کی تو انھوں بتایا کہ وہ صحافت کرنا نہیں بھولے ہیں، مگر وہ فی الوقت اپنے گھر کسی مصیبت کو دعوت نہیں دینا چاہتے۔

کسی انڈسٹری وغیرہ کی عدم موجوگی کی وجہ سے کشمیر میں اخبارات اپنے اداروں کو چلانے کے لیے زیادہ تر سرکاری اشتہارات پر انحصار کرتے ہیں اور معمولی سی بھول چوک سرکاری اشتہاروں کا حصول ناممکن بنا دیتی ہے۔ سرکاری اشتہارات بند ہو جانے سے اخبار کا گزارا مشکل ہوتا ہے اور پھر صحافیوں اور دیگر عملہ کی چھٹی کرنی پڑتی ہے۔

دباؤ کا اندازہ اس بات سے لگایا جاسکتا ہے کہ جب گزشتہ سال (2021) ستمبر میں بزرگ حریت رہنما سید علی شاہ گیلانی کا انتقال ہوا تو سرینگر کے اکثر اخبارات میں ان کی موت کی خبر ایک ہی کالم میں چھپی، جب کہ دہلی کے اخبارات اور بین الاقوامی میڈیا نے اسے تفصیل سے کور کیا۔

سرینگر کے ایک انگریزی ہفتہ روزہ نے جرأت کر کے مرحوم لیڈر کی تصویر کے ساتھ پروفائل چھاپی، تو اگلے روز سے سزا کے طور پر اس کے اشتہارات بند کر دیے گئے اور ابھی تک جاری نہیں کیے گئے ہیں۔

گیلانی کے دست راست محمد اشرف صحرائی اس سے قبل جیل میں انتقال کر گئے تھے۔ وادی کشمیر کے اکثر اخبارات میں اس کو رپورٹ تک نہیں کیا گیا۔

گزشتہ ماہ ایک کشمیری صحافی شاہد تانترے جو 'کاروان' میگزین کے لیے لکھتے ہیں، نے ایک خط میں انکشاف کیا کہ پولیس ان کو بار بار تھانے میں طلب کرتی ہے۔ اس کے والد کو بھی پولیس اسٹیشن میں بلا کر گھنٹوں انتظار کروایا گیا۔ تانترے کو پولیس افسران نے بتایا کہ کشمیر میں رہ کر ان کو حکومت کے خلاف لکھنا نہیں چاہیے، ورنہ ان کو گرفتاری کا سامنا کرنا پڑ سکتا ہے۔

ان کو بتایا گیا کہ ان کے پاس کشمیر چھوڑنے کا آپشن موجود ہے۔ تانترے کی خوش قسمتی ہے کہ ان کی تنظیم ان کے ساتھ کھڑی ہے۔

اگست 2019 میں جموں و کشمیر سے ہندوستانی آئین کی دفعہ 370 کی منسوخی کے بعد سے کشمیری صحافیوں کی زندگی ایک ڈراؤنے خواب سے کم نہیں ہے۔ حکومت پر تنقید برداشت نہیں کی جاتی ہے۔ جب ہلاکتوں کی خبریں آ رہی ہوں، تو اخبارات کو گل لالہ کے باغ کی تصویروں سے صفحات کو مزین کرنے پڑتے ہیں۔ بس یہ لگنا چاہیے کہ کشمیر میں سب کچھ ٹھیک ٹھاک ہے۔ کشمیر کے وہ اخبارات جو برسوں سے دنیا کے لیے بطور ایک ایسی کھڑکی کا کام کرتے آرہے ہیں جس کے اندر جھانک کر، کشمیر کو دیکھا جاتا تھا، اب ایک بند روشن دان کی مثال پیش کرتے ہیں۔

ہر دو تین ماہ بعد سیکورٹی ایجنسیاں کشمیر میں کسی نہ کسی صحافی کے دروازے پر دستک دینے پہنچ جاتی ہیں،اور یہ منظر خود بخو د دوسروں کے ذہنوں میں خوف پیدا کر دیتا ہے کیونکہ اگلی باری ان کی ہو سکتی ہے۔

خیر ایک ایک کر کے سبھی کی باریاں آ رہی ہیں۔ نیو یارک کی صحافتی تنظیم کمیٹی فار پروٹیکشن آف جرنلسٹس کے مطابق، اب کشمیری میڈیا ایک بریکنگ پوائنٹ پر پہنچ گیا ہے، جہاں صحافی سوچ رہے ہیں کہ اس پیشے کو زندہ اور جاری رکھنا کب تک ممکن ہے اور اس مصنوعی زندگی کو جینا اور پھر دنیا کو دکھانا کہ سب کچھ ٹھیک ٹھاک ہے، کب تک جاری رہ سکتا ہے۔ اخبارات کے مالکان بھی اپنی سرکولیشن کے لگا تار گرنے سے پریشان ہیں۔

دلچسپ بات یہ ہے کہ ایک ایسے وقت میں جب حقیقی صحافت کے لیے کوئی جگہ نہیں ہے، کشمیر کی چار بڑی یونیورسٹیاں نئی پود کو صحافت سکھانے کا کورس پڑھا رہی ہیں۔

[بشکریہ دی وائر اردو، 7 جولائی 2022]

ہاں! میں گودی میڈیا ہوں

نازش ہما قاسمی

جی! گودی میڈیا، اپنے سیاسی آقاؤں کے ایما پر ان کی خوشنودی کے لیے سچ کو جھوٹ بنا کر پیش کرنے والی، دن دہاڑے، اور رات کی تاریکی میں ڈنکے کی چوٹ پر تال ٹھونک کر صریح وسفید جھوٹ کو پیش کر کے فخر کرنے والی، بے مروت، بے غیرت، حکومت کی ناکامیوں کو اچھائی بتا کر عوام الناس کے ذہنوں سے کھیلنے والی، نفرت کی کھیتی کرنے والی، فرقہ پرستی کو پروان چڑھانے والی، ہندو مسلم کے درمیان خلیج پیدا کرنے والی، اخوت و بھائی چارگی کا گلا گھونٹنے والی، گنگا جمنی تہذیب کو شرمندہ کرنے والی، فسادات کی جڑ، گاؤں گاؤں، شہر شہر قریہ قریہ اپنے تعصب پر مبنی جعلی، فیک، جھوٹی خبروں کو چلانے والی، متشدد، جارح، متعصب، سازشی، بلیک میلر، اور نفرت کے سوداگروں اور ضمیر فروش گروہوں کا مرکز، ملزم کا عدالت سے جرم ثابت ہونے سے قبل ہی اپنا فیصلہ سنا کر اسے تختۂ دار پر لٹکانے کی کوشش کرنے والی، ایک کمیونٹی کے معصوموں کو دہشت گرد کہنے والی، دوسری کمیونٹی کے غنڈوں کو معصوم گرداننے والی، ماب لنچنگ کے شکار مسلمانوں کا مذاق اڑانے والی اور لنچ کرنے والے دہشت گردوں کا حوصلہ بڑھانے والی، برقعہ وطلاق کو رسوا کرنے والی، گھونگٹ اور جہیز کے نام پر قتل کی گئی دوشیزاؤں کی موت پر خاموش رہنے والی۔

اور کسانوں کو غنڈہ ثابت کرنے والی، ان کی تحریک کو نظر انداز کرنے والی، کسانوں کی موت پر پردہ ڈالنے والی، قاتلوں کو بے گناہ ثابت کرنے والی، کسان تحریک کو بدنام کرنے والی، کسانوں کی کردار کشی کرنے والی، ایک کمیونٹی کے تاجر کو گئوکشی کرنے والا بتانے والی، اور دوسری کمیونٹی کے گئوکش اور گوشت ایکسپورٹ کرنے والوں کو گئو ماتا کا بھکت کہنے والی، ایک کمیونٹی کے گھر میں سبزی کاٹنے والی چھری کو دھار دار اسلحہ بتانے والی اور دوسری کمیونٹی کے گھروں سے بڑی تعداد میں پائے جانے والے تلوار و ترشول کو معمولی چھڑی ثابت کرنے

والی، رنگوں کو ہندو مسلم قرار دینے والی، ہرا کو مسلمان کہنے والی اور گیروے کو ہندو بتانے والی، جانوروں کو مذہب کے نام پر تقسیم کرنے والی، زانی کو رہبر، متاثرہ کو ظالم قرار دینے والی، کسی خاص کمیونٹی کے شرعی اور انسانیت پر مبنی حکم کو ظلم سے تعبیر کرنے والی اور کسی کمیونٹی کے ظلم پر مبنی قانون اور رسم و رواج کو ہمدردی گردا ننے والی، صحافتی اصولوں کا قتل کرنے والی، صحافتی اخلاق کا بیڑہ غرق کرنے والی، قاتل، آمر، اور راہ زن کو مسیحا ثابت کرنے والی اور مسیحا کو ظالم، لٹیرا کہنے والی، سرحدوں کی حفاظت پر مامور فوجیوں کی شہادت پر ان کا مذاق اڑانے والی، سیاسی آقاؤں کی خوشنودی کے لیے کسی بھی حد تک گر جانے والی، وطن کے لیے سب کچھ قربان کر دینے والے محب وطن کی اولادوں کو دہشت گرد بتا کر جیلوں کی کال کوٹھریوں میں ڈلوانے والی، اور انگریز ظالم سے معافی نامہ حاصل کرنے والے بزدل کو 'ویر' کا لقب دے کر اس کی نسل کو محب وطن ثابت کرنے والی، دہشت گردی کے شکار مسلمانوں کو ہی دہشت گردی میں گرفتار کرانے والی، اور جنھوں نے دہشت مچائی، معصوموں کے لہو سے ہولی کھیلی ان کو بچانے کے لیے تحریک چھیڑنے والی، نظام الدین مرکز میں موجود افراد کو 'چھپے' اور کسی مندر میں موجود شردھالوؤں کو 'پھنسے' ہوئے بتانے والی، نظام الدین کو کورونا کا مرکز بتانے والی، نمستے ٹرمپ ریلی، پوری رتھ یاترا کی بھیڑ کو نظر انداز کرنے والی، مسلم لیڈران کی تقریر کو اشتعال انگیز اور کمیونٹی مخالف بتانے والی، وہیں بولی کا جواب گولی سے اور دیش کے غداروں کو گولی مارو سالوں کو جیسے اشتعال انگیز نعرہ لگانے والوں کی اشتعال انگیزی کو شیریں تصور کرتے ہوئے ان کے تلوے چاٹنے والی، بے شرم، ڈھیٹ، آبرو باختہ، بے ضمیر، بے حیاء، اخلاق و کردار سے عاری، سرکش گودی میڈیا ہوں۔

گودی میڈیا مجھے ویسے ہی نہیں کہا گیا ہے بلکہ ہر دور اور ہر زمانے میں صحافت میں کچھ افراد ایسے تھے جو بادشاہوں، وزرا اور امرا کی ہاں میں ہاں ملایا کرتے تھے، ان کے غلط کو صحیح، جھوٹ کو سچ، ظلم کو ہمدردی بنا کر عوام کے سامنے پیش کرتے تھے، اس وقت میڈیا نہیں تھا، وہ چمچوں کا دور تھا، زمانے نے ترقی کی، ڈیجیٹل دور آیا، چمچے بھی ڈیجیٹل ہو گئے، جب جس پارٹی کی حکومت بنی، حالات کے اعتبار سے اپنا قبلہ تبدیل کر لیا، کبھی بڑی تعداد میں گودی میڈیا میں افراد شامل رہے، کبھی بعض ضمیر کی آواز پر تائب ہوئے، یہ سلسلہ چلتا رہا؛ لیکن مجموعی طور پر حکومت کی غلط پالیسیوں پر نقد کے بجائے اسے عوام کی سہولیات بنا کر پیش کرنے کا رجحان ہندوستان میں 2013 کے بعد سے زور پکڑا، گودی میڈیا کے ٹرائل کی وجہ سے ہی 2014 میں حکومت تبدیل ہوئی، عوام کو بڑھتی مہنگائی، روزی و روزگار کا وعدہ کرا کر لبھایا گیا، ہندو مسلم کر کے ماحول سلگایا گیا، پاکستان میں جشن منانے کی بات کہہ کر اکثریتوں کے ذہنوں سے کھیلا گیا، لیکن انتخاب جیتنے کے بعد کے احوال سے سبھی واقف ہیں کہ آج مہنگائی کا کیا عالم اور روزی روزگار کو کیسے عوام ترس رہی ہے۔

لیکن ہم گودی میڈیا والوں کو اس سے کوئی سروکار نہیں، ہم دن رات پاکستان مردہ باد، مسلمان پاکستانی، پاکستان دہشت گرد، کشمیری دہشت گرد، جامعہ دہشت گرد، جے این یو دہشت گرد، اے ایم یو دہشت

گرد، جناح دہشت گرد، گوڈسے محب وطن وغیرہ؛ طلاق ثلاثہ، بابری مسجد، لو جہاد، گئوکشی، کسان خالصتانی، کسانی تحریک پاکستانی، جیسے ایشوز میں عوام کو الجھائے رہتے ہیں کہ ان کو موقع ہی نہ ملے کہ وہ حکومت سے سوال کریں؛ بلکہ وہ تو پندرہ پندرہ لاکھ کا نام سن کر ہی خوش ہوجائیں، بیس ہزار کروڑ کا ہندسہ گننے میں ہی اپنا وقت صرف کریں، اگر کسی کے ہوش وحواس باقی ہوں اور وہ سوال کرتا بھی ہے تو ہم گودی میڈیا والے اسے انتہائی چالاکی اور خوبصورت اینکروں کی دلبرانہ ادا سے مسحور کرا کر ان کا ذہن مشغول کردیتے ہیں پھر انھیں کچھ یاد نہیں رہتا۔

اصل مسائل سے عوام کو دور رکھنا ہمارا کام ہے۔ نان ایشو کو ایشو بنا کر پیش کرنا ہمارا مشن ہے۔ 2016 سے قبل لوگ گودی میڈیا سے واقف نہیں تھے، کسی اور نام سے جیسے بے ضمیر و دلال صحافت وغیرہ، گودی میڈیا کا لفظ 'این ڈی ٹی وی' کے 'دو کوڑی کے اینکر' روش کمار کی زبان سے ہی اکثر و بیشتر نے سنا ہوگا اور اسی کی کرم فرمائی سے یہ ایک اصطلاح بن گئی جو ہم دلال کی پہچان ہے۔

سیکولر عوام دور سے ہی جان جاتے ہیں کہ ہم دلال ہیں، ضمیر فروش ہیں، نفرت کے سوداگر ہیں، وہ ہمارے خلاف ایف آئی آر بھی کرواتے ہیں؛ لیکن ہمارے سروں پر دست شفقت اتنا مضبوط اور طاقتور ہے کہ ایف آئی آر وغیرہ کا کچھ بھی اثر نہیں ہوتا اور انصاف کی دیوی خود انصاف کا قتل کرکے خوشی محسوس کرتی ہے۔ یہ ہمارا ہی کمال ہے کہ لاکھوں مزدوروں کو بے سروسامانی کے عالم میں اپنے وطن کے لیے جانا پڑا، لیکن اس سے حکومت پر کوئی آنچ نہیں آئی۔ پٹریوں پر کچل دیے گئے، لیکن ہم نے سب سنبھال لیا۔ ٹرینیں راستہ بھٹک گئیں، لیکن ہم نے عوامی ذہنوں کو ایسا بھٹکایا کہ کوئی پوچھنے کی ہمت نہیں کرسکا اور جس نے بھی ہمت کی ہم نے اپنے آقاؤں کا حق نمک ادا کرتے ہوئے اسے ذلیل کرنے میں کوئی کسر نہیں چھوڑی۔ ہم بے مثال ہیں، کوئی ضمیر فروشی میں ہمارا ہمسر نہیں ہوسکتا۔

ہم ہر وہ کام کرتے ہیں جن سے انسانیت، صداقت، انصاف، سچائی کی ہار ہو۔ ہم جھوٹ کے سہارے جیتے ہیں اور دوسروں کو بھی اسی جھوٹ کے سہارے جینے کا سپنا دکھاتے ہیں۔ ہمیں کوئی پریشانی نہیں، کیونکہ یہاں پر کوئی کسی کا پرسان حال نہیں، جب تک عوام بیوقوف بنتے رہیں گے ہم انھیں بیوقوف بناتے رہیں گے۔ ہم نے حکومت کی ناکامی پر پردہ ڈالنے کا ٹھیکہ لے رکھا ہے، تبھی تو پٹرول ڈیزل اور گیس کی مہنگائی پر ہم بات نہیں کرتے، آسمان چھوتی مہنگائی کو ہم ایشو نہیں بناتے، بے روزگاری سے جوجھنے والے نوجوانوں کی پرواہ نہیں کرتے، تعلیمی اداروں پر الزامات لگانے میں کوئی کسر نہیں رکھتے، کیونکہ ہمیں انھیں کاموں کے لیے معمور کیا گیا ہے اور جب تک ہمیں ہڈی پھینکنے والے موجود ہیں، ہم ضمیر فروشی کرتے رہیں گے اور ملک میں بدامنی کو پھیلاتے رہیں گے۔

[بشکریہ روزنامہ 'ممبئی اردو نیوز'، 29 جون 2020، ممبئی]

اشعر نجمی کی مرتب کردہ دیگر کتابیں

ہندوستانی مسلمان اور اسلام

ہندوستانی مسلمانوں کے نئے عذاب

ہندوستانی مسلمانوں کا مزاج

ہندوستانی مسلمانوں کی آبادی

نیا ہندوستان نیا قانون شہریت

ہندوستانی مسلمانوں کی تعلیمی صورت حال

اشعر نجمی کی مرتب کردہ دیگر کتابیں

ہندوستانی سیاست میں مسلمانوں کی حصہ داری

ہندوستان میں مسلمانوں کی معاشی صورت حال

انڈین مسلم پرسنل لاء اور یونیفارم سول کوڈ

آل انڈیا وقف بورڈ اور قومی میراث کا قضیہ

ہندوستان میں مسلم عورتوں کے چیلنجز